Petra Wolff
Sportwetten ohne Risiko

Petra Wolff

Sportwetten ohne Risiko

Bibliografische Information der Deutschen Nationalbibliothek:
Die Deutsche Nationalbibliothek verzeichnet diese Publikation in
der Deutschen Nationalbibliografie; detaillierte bibliografische
Daten sind im Internet über http://dnb.d-nb.de abrufbar.

Herstellung und Verlag: Books on Demand GmbH, Norderstedt

ISBN: 978-3-8423-8437-8

Inhalt

Die vorliegende Überarbeitung bezieht sich auf die Korrektur von Fehlern der ursprünglichen Ausgabe. Die Daten und Beispiele stammen nach wie vor aus dem Jahr 2011. Die beschriebenen Prinzipien lassen sich jedoch auch auf aktuelle Daten anwenden. Inzwischen wurde in Deutschland die Wettsteuer eingeführt, die einige Anbieter von ihren Kunden einziehen. Entsprechend sind die Quoten und Zielumsätze je nachdem, wie das der jeweilige Anbieter regelt, in den Kalkulationen anzupassen. Ansonsten funktionieren die Berechnungen wie beschrieben. Weiterhin ermöglichen die meisten Anbieter inzwischen Ein- und Auszahlungen per PayPal. Dadurch wird die Benutzung einer Kreditkarte überflüssig.

Vorwort

Seit etwa drei Jahren beschäftige ich mich nun intensiv mit Online-Sportwetten, habe verschiedene Strategien ausprobiert, auch eigene entwickelt und bereits recht erfolgreich angewendet. Dabei legte und lege ich immer großen Wert auf sehr gute Chancen bei überschaubarem bis geringem Risiko, und das trotz begrenzter Kenntnisse der einzelnen Sportarten. Sehr wichtig ist mir dabei vor allem die Möglichkeit, ruhig und überlegt zu handeln. Meine Strategien leben davon, nur manchmal am Wochenende oder nach Feierabend „Züge" zu planen bzw. zu kalkulieren, in Ruhe die Wetten zu platzieren und abzuwarten, was passiert. Deshalb lasse ich die Finger von Live-Wetten oder Wettbörsen. Entgegen einiger Behauptungen von Wettbörsenanhängern lassen sich auch mit den Buchmachern trotz Marge schöne Gewinne erzielen. Und nebenbei bemerkt: So völlig margenfrei sind die Wettbörsen auch nicht, denn Gewinn-Provisionen fallen auch hier an.

Bisher habe ich vor allem zwei Wege beschritten. Der eine ist das Ausnutzen und Freispielen von Bonusangeboten, der andere das systematische Setzen von Value-Bets. Beides habe ich in meinen zuvor erschienenen Büchlein „Sportwetten gewinnen – Schritt für Schritt" bzw. „Geld gewinnen mit Sportwetten" beschrieben. Dabei hatte ich das Bonusfreispielen als fast risikolose Methode zur Startkapitalbeschaffung angesehen. Inzwischen habe ich aber relativ oft immer wieder neue Bonusangebote verschiedener Online-Buchmacher bekommen, sodass ich nicht umhin konnte, meine Freispiel-Methode weiterzuentwickeln, denn man hat auch als Buchmacher-Bestandskunde immer wieder die Gelegenheit, sie erfolgreich anzuwenden. So bekommt man von einigen Buchmachern nach einer gewissen Zeit der Inaktivität wieder Bonus angeboten. Oftmals gibt es auch zum Geburtstag Gratiswetten oder Bonusguthaben.

Zunächst werde ich das Grundprinzip des Bonusfreispielens erklären. Danach werde ich Verfeinerungen der Methode erläutern. Ein Kapitel werde ich dem Einschätzen von Bonusangeboten widmen, sodass Sie die guten von den schlechten Angeboten zu unterscheiden lernen. Da es zur Vermeidung eines „bösen Erwachens" sehr wichtig ist, sich genau an die Regeln zu halten, andererseits aber auch alle vorhandenen Freiräume ausgenutzt werden sollen, soll ein weiteres Kapitel sich mit Bonusbedingungen auseinandersetzen. Genauso wichtig ist es, immer den Überblick zu behalten. Auch dafür will ich ein paar Tipps geben.

Hinter allen Betrachtungen steckt ein wenig Mathematik, mit der ich Sie auf keinen Fall verschrecken möchte. In meinen bisherigen Büchlein habe ich mich bei Formeln deshalb auf das Nötigste beschränkt. In diesem Buch werde ich auch die Herleitung der verwendeten Formeln darstellen, allerdings in einem gesonderten Kapitel, das Sie nicht unbedingt vollständig lesen müssen, wenn Sie nicht wollen.

Auch in diesem Buch wird vieles anhand von Beispielen erklärt. Wenn ich bestimmte Wettanbieter beim Namen nenne, soll das keine Werbung sein. Ich könnte stattdessen auch Anbieter A, Anbieter B usw. schreiben, jedoch wäre das sowohl für mich beim Schreiben als auch für Sie beim Lesen sehr ermüdend. Ich versichere, dass ich keinerlei Belohnung von den Firmen dafür bekomme, dass ich sie hier nenne. Ich denke, eher würden sie mich von zukünftigen Bonusangeboten ausschließen. Während dieses Buch erhältlich ist, wird es mit Sicherheit einige Änderungen auf dem Sportwetten-Markt und damit auch an den Bonusangeboten geben, wie ich das in den letzten drei Jahren bereits beobachten konnte. Die dahintersteckenden Grundprinzipien bleiben aber gültig.

Das Grundprinzip des Bonusfreispielens

Die Idee ist einfach: Ich nehme einen Bonus in Anspruch, indem ich eine bestimmte Summe einzahle. Die meisten Bonusangebote funktionieren so, dass man zu einer Einzahlung in einer bestimmten Höhe einen Bonus dazubekommt. Das können bis zu 100 % des Einzahlungsbetrages sein. Dann platziere ich meine Wetten so, dass ich meine Einzahlung und dazu einen möglichst großen Anteil des Bonusbetrages zurückbekomme. Dabei muss ich mich natürlich an die Bonusbestimmungen des Anbieters halten. Um das zu erreichen, benutze ich gleichzeitig Wettkonten bei anderen Anbietern. Am besten verständlich wird das anhand eines Beispiels.

Beispiel 1

Nehmen wir einfach den Neukundenbonus von Unibet her. Hier gibt es auf die erste Einzahlung 100 % Bonus bis zu einem Betrag von 50,00 €. Nach dem Anmelden und Einzahlen von 50,00 € haben wir nun ein Wettguthaben von 100,00 €. Allerdings ist laut den Bonusbestimmungen von Unibet eine Auszahlung erst dann möglich, wenn das 6-fache des Bonusbetrages, also 300,00 €, mit einer Mindestquote von 1,6 in Sportwetten eingesetzt wurde. Eine Zeitspanne, in der das erledigt sein muss, ist hier nicht vorgegeben. Es ist nicht erlaubt, auf alle möglichen Ausgänge eines Ereignisses zu wetten. Das bezieht sich selbstredend nur auf die bei Unibet platzierten Wetten. Einzahlen kann man hier am günstigsten per Überweisung. Das dauert zwar 2 bis 3 Tage, kostet dafür jedoch keine Gebühren.

Wir haben also bis dahin folgende Bilanz:

Guthaben:	100,00 €
Kosten:	50,00 €
Zielumsatz:	300,00 €

Für unser Beispiel nehmen wir ein anderes Wettkonto zu Hilfe, bei dem wir keine Umsatzbedingungen für irgendeinen Bonus zu erfüllen haben. Am besten geeignet ist ein Konto, auf das wir gebühren-frei mit einer sofort wirkenden Einzahlungsmethode buchen können. Als Beispiel soll hier bet365 dienen. Hier kostet die Einzahlung per VISA-Karte keine Gebühren. Wie viel wir hier einzahlen, richtet sich nach der Wette, die wir uns vorher aussuchen.

Suchen wir uns nun ein passendes Sportereignis aus. Nehmen wir ein Fußballspiel einer der großen Ligen. Wir suchen uns dafür eins aus, bei dem Unibet für einen Ausgang eine Quote nahe 1,6 – also Min-destquote – anbietet.

Hier finden wir heute, am 01.05.2011 15:30, in der spanischen Primera División die Partie FC Malaga – Hercules Alicante mit folgenden Quoten:

01.05.11 17:00	Malaga	Unentsch.	Hercules
Unibet:	1,68	3,70	4,80
bet365:	1,66	3,80	5,00

Wir setzen nun bei Unibet auf Malaga und bei bet365 auf Unent-schieden und auf Hercules. Für das Setzen auf zwei Ausgänge eines Fußballspiels gibt es auch die Möglichkeit, das in einer Doppel-ten-Chance-Wette zu tun. Suchen wir uns nun die Quote für die Dop-pelte Chance auf Unentschieden und Hercules bei bet365 heraus. Sie ist 2,10.

Nun stellt sich die Frage, was besser ist, zwei Wetten jeweils auf die beiden Einzelausgänge oder eine Doppelte-Chance-Wette. Rechnen wir es aus: Die Gesamtquote Q_{gesamt} der beiden Einzelwetten auf Unentschieden bzw. auf Hercules ist

$$Q_{gesamt} = \frac{1}{\frac{1}{3,80} + \frac{1}{5,00}} = 2,159$$

Das ist besser als eine Quote von 2,10. Also verwenden wir nicht die

Doppelte-Chance-Wette von bet365, sondern die Einzelwetten. Wer den Rechenweg dazu erläutert haben möchte, kann im Kapitel „Formeln und Formelherleitungen" nachlesen.

Wir setzen also das gesamte Guthaben von 100,00 € bei Unibet auf Malaga. Wie viel müssen wir bei bet365 auf Unentschieden bzw. auf Hercules setzen, sodass – egal wie das Spiel ausgeht – immer der gleiche Betrag herauskommt? Würde Malaga gewinnen, bekämen wir

$$100,00\,€\cdot 1,68 = 168,00\,€$$

Da die Quote für ein Unentschieden bei bet365 3,80 ist, ist der benötigte Einsatz für diesen Ausgang

$$168,00\,€ : 3,80 = 44,21\,€$$

Für den Sieg von Hercules ist bei einer Quote von 5,00 der benötigte Einsatz

$$168,00\,€ : 5,00 = 33,60\,€$$

Wir zahlen nun also bei bet365

$$44,21\,€ + 33,60\,€ = 77,81\,€$$

ein und setzen folgende Wetten:

Wettanbieter:	Unibet	bet365	bet365
Wette:	Malaga	Unentsch.	Hercules
Quote:	1,68	3,80	5,00
Einsatz:	100,00 €	44,21 €	33,60 €

Egal, wie das Spiel ausgeht, danach haben wir 168,00 €. Gewinnt Malaga, befindet sich dieser Betrag auf dem Unibet-Konto. Bei einem Unentschieden oder einem Sieg von Hercules weist das bet365-Konto ein Guthaben von 168,00 € auf. Der einzige Unterschied besteht darin, dass ein Guthaben auf dem bet365-Konto sofort auszahlbar ist, auf dem Unibet-Konto noch nicht.

Was wir jetzt schon über die Bilanz nach dem Spiel wissen, ist:

Guthaben:	168,00 €
Kosten:	127,81 € (50,00 € Unibet, 77,81 € bet365)
Zielumsatz:	200,00 € nach Sieg von Malaga, 0,00 € sonst

Inzwischen hat das Spiel stattgefunden, und Malaga hat 3:1 gewonnen. Wäre es anders gekommen, wäre nun das Unibet-Konto leer und wir könnten uns die 168,00 € vom bet365-Konto auszahlen lassen. Damit hätten wir einen Gewinn von

$$168,00 \, € - 127,81 \, € = 40,19 \, €$$

Da sich das Guthaben von 168,00 € nun aber auf dem Unibet-Konto befindet, können wir es noch nicht auszahlen lassen, denn es ist noch ein restlicher Zielumsatz von 200,00 € zu erbringen.

Also suchen wir uns wieder ein geeignetes Sportereignis, für dessen einen Ausgang Unibet eine Quote nahe 1,6 anbietet. Heute, am 02.05.2011 21:30 finden wir etwas Geeignetes bei den Tennis-Wetten, und zwar treten morgen, am 03.05. im ATP Masters in Madrid Ivan Ljubicic und Gilles Simon gegeneinander an. Die Quoten dafür lauten wie folgt:

03.05.11 12:30	I. Ljubicic	G. Simon
Unibet:	2,10	1,70
bet365:	2,25	1,57

Wir setzen nun bei Unibet das gesamte Guthaben von 168,00 € auf Simon und bei bet365 einen passenden Betrag, den wir per VISA-Karte einzahlen, auf Ljubicic. Welcher Betrag ist das? Bei einem Sieg von Simon würden wir

$$168,00\,€ \cdot 1,7 = 285,60\,€$$

erhalten. Um für einen Sieg von Ljubicic bei einer Quote von 2,25 den gleichen Betrag zu erhalten, müssen wir

$$285,60\,€ : 2,25 = 126,93\,€$$

setzen. Zahlen wir diesen Betrag nun ein und setzen wie folgt:

Wettanbieter:	Unibet	bet365
Wette:	G. Simon	I. Ljubicic
Quote:	1,70	2,25
Einsatz:	168,00 €	126,93 €

Nach dem Match haben wir ein Guthaben von 285,60 €. Gewinnt Simon, befindet sich das Guthaben auf dem Unibet-Konto, gewinnt Ljubicic, ist es auf dem bet365-Konto.

Was wir jetzt schon über die Bilanz nach dem Match wissen:

Guthaben:	285,60 €
Kosten:	254,74 € (50,00 € Unibet, 77,81 €, 126,93 € bet365)
Zielumsatz:	32,00 € nach Sieg von Simon, 0,00 € Sieg Ljubicic

Nun ist das Match gelaufen, Simon hat 7:5 7:6 gewonnen. Damit befindet sich das Guthaben von 285,60 € auf dem Unibet-Konto. Hätte Ljubicic gewonnen, wäre das Guthaben auf dem bet365-Konto und damit auszahlbar. Das wäre ein Gewinn von

$$285,60\,€ - 254,74\,€ = 30,86\,€$$

gewesen. Nun müssen wir allerdings noch einen Wettumsatz von 32,00 € auf dem Unibet-Konto erbringen.

Dazu finden wir nun heute, am 04.05.2011 22:00 wieder ein Tennis-

Match mit geeigneten Quoten. Es geht um die Begegnung zwischen Anastasia Pavlyuchenkova und Samantha Stosur im WTA-Turnier in Madrid, welche morgen stattfindet. Die Quoten sehen folgendermaßen aus:

05.05.11 14:00	A. Pavlyuchenkova	S.Stosur
Unibet:	2,25	1,60
bet365:	2,25	1,57

Wir setzen nun also bei Unibet den restlichen Zielumsatzbetrag von 32,00 € auf Stosur und rechnen aus, wie viel wir bei bet365 dagegensetzen müssen. Bei einem Sieg von Stosur erhalten wir

$$32,00 € \cdot 1,60 = 51,20 €$$

Also müssen wir bei einer Quote von 2,25 einen Betrag von

$$51,20 € : 2,25 = 22,76 €$$

dagegensetzen, um den gleichen Betrag zurückzuerhalten. Zahlen wir nun also wieder per VISA-Karte ein und setzen die für dieses Beispiel letzten Wetten:

Wettanbieter:	Unibet	bet365
Wette:	S.Stosur	A. Pavlyuchenkova
Quote:	1,60	2,25
Einsatz:	32,00 €	22,76 €

Nach dem Match haben wir ein Guthaben von

$$285,60 € - 32,00 € + 51,20 € = 304,80 €$$

Dieses befindet sich entweder vollständig auf dem Unibet-Konto oder aufgeteilt auf beiden Konten, je nachdem, wer das Match gewinnt.

Die Bilanz sieht, egal wer gewinnt, so aus:

Guthaben:	304,80 €
Kosten:	277,50 € (50,00 €, 77,81 €, 126,93 €, 22,76 €)
Zielumsatz:	0,00 €, also alles ist auszahlbar

Das Match ist vorbei, Pavlyuchenkova hat 7:6 6:3 gewonnen. Damit befinden sich nun

$$22,76 € \cdot 2,25 = 51,21 €$$

auf dem bet365-Konto und

$$285,60 € - 32,00 € = 253,60 €$$

auf dem Unibet-Konto. Beide Summen können wir uns nun auszahlen lassen. Es sind insgesamt 304,81 €. Die Cent-Abweichung kommt dadurch, dass der Einsatz eben nur Cent-genau sein kann. Wir haben also einen Gewinn von

$$304,81 € - 277,50 € = 27,31 €$$

realisiert.

Wir haben immer auf Nummer sicher gespielt und dabei auf einen Einsatz von insgesamt 277,50 € einen Gewinn von 27,31 € erhalten. Das ist eine Rendite von

$$27,31 € : 277,50 € = 0,0984 = 9,84 \%$$

in nur ein paar Tagen.

Was hätten wir noch besser machen können? Sehen wir uns die verwendeten Wetten und deren Quoten noch einmal an. Berechnen wir dazu jeweils die Gesamtquote. Die Formeln dazu lauten:

$$Q_{gesamt} = \cfrac{1}{\cfrac{1}{Q_1} + \cfrac{1}{Q_2} + \cfrac{1}{Q_3}}$$

bei drei Ausgängen mit Quoten Q_1, Q_2, Q_3

bzw.

$$Q_{gesamt} = \cfrac{1}{\cfrac{1}{Q_1} + \cfrac{1}{Q_2}}$$

bei zwei Ausgängen mit Quoten Q_1, Q_2. Siehe dazu Kapitel „Formeln und Formelherleitungen".

Wette 1:

Primera División 01.05.11 17:00			
FC Malaga	Unentsch.	Hercules Alicante	Gesamtquote
1,68	3,80	5,00	0,94483

Wette 2:

ATP Madrid 03.05.2011 12:30		
G. Simon	I. Ljubicic	Gesamtquote
1,70	2,25	0,96835

Wette 3:

WTA Madrid 05.05.2011 14:00		
S.Stosur	A. Pavlyuchenkova	Gesamtquote
1,60	2,25	0,93506

Da wir immer auf alle möglichen Ausgänge des Sportereignisses wetten, ist die Gesamtquote jeweils der Anteil unseres Gesamteinsatzes, den wir zurückbekommen, egal wie die Begegnung ausgeht.

Bei unseren drei Wetten sah das so aus:

	Gesamteinsatz	Gesamtquote	Rückzahlungsbetrag
Wette 1:	177,81 €	0,94483	168,00 €
Wette 2:	294,93 €	0,96835	285,60 €
Wette 3:	54,76 €	0,93506	51,20 €

Wir hätten ein etwas besseres Ergebnis erzielen können, wenn wir Quotenkombinationen mit besserer Gesamtquote gefunden hätten. Vielleicht wären wir mit etwas Glück sogar auf Sure-Bets gestoßen. So etwas liegt vor, wenn wir eine Gesamtquote von über 1 haben, also einen sicheren Gewinn. Allerdings kann ich aus Erfahrung sagen, dass eine Gesamtquote von etwa 0,95 oder mehr schon ziemlich gut ist. Mit den Quoten aus unserem Beispiel kann man sich durchaus zufriedengeben. Es macht keinen Sinn, stundenlang zu suchen und zu rechnen, um eine Verbesserung von einem Bruchteil eines Prozentes zu erzielen, was dann je nach Einsatzhöhe keinen allzu großen Betrag ausmachen würde.

Die zweite Verbesserungsmöglichkeit besteht darin, bei gleich bleibender Gesamtquote jeweils mit der Wette auf dem Wettkonto mit dem freizuspielenden Bonus näher an die Mindestquote heranzukommen. Damit gibt es auf dem freien Wettkonto eine höhere Quote. Dadurch sinkt hier der erforderliche Einsatz, wodurch weniger zusätzliches Geld zum Freispielen des Bonus aufgewendet werden muss. Schauen wir uns die Zahlen in unserem Beispiel an, ist das auch kaum noch zu verbessern.

Für dieses Beispiel haben wir unsere Sache recht gut gemacht. Mit der Zielvorgabe, so zu wetten, dass es egal ist, was passiert, also immer das gleiche Ergebnis dabei herauskommt, abgesehen vom Zielumsatz für den Bonus, hätten wir im besten Fall um die 40,00 €

gewonnen, so haben wir – im schlechtesten Fall – um die 27,00 €
gewonnen, was gemessen an der Dauer und am Aufwand ein akzep-
tables Ergebnis ist.

Ich nenne diese Methode „gleichmäßiges Freispielen", weil die Wetten so gesetzt werden, dass es immer den gleichen Rückzahlungsbetrag gibt, egal wie es ausgeht. Im nächsten Kapitel möchte ich mich
im Vergleich dazu mit dem „ungleichmäßigen Freispielen" oder, wie
ich es lieber nenne, dem „schiefen Freispielen" befassen.

Gleichmäßiges und schiefes Freispielen

Betrachten wir wieder unser Beispiel 1 und drehen mit der „Was-wäre-wenn-Methode" die Zeit etwas zurück.

Wir haben 50,00 € auf das Unibet-Konto eingezahlt und einen Bonus von 50,00 € dazu erhalten. Der Zielumsatz ist 300,00 € bei einer Mindestquote von 1,6 – also alles wie gehabt.

Unsere Bilanz sieht am Anfang so aus:

Guthaben:	100,00 €
Kosten:	50,00 €
Differenz:	50,00 €
Zielumsatz:	300,00 €

Wir wollen nun dieselben Wetten für unsere Betrachtungen benutzen. Jedoch werden wir die Einsätze anders gestalten.

Es steckt die folgende Idee dahinter: Ein Guthaben auf einem freien Konto ist mehr wert als ein Guthaben auf einem Konto, auf dem zwecks Bonusfreispielens noch ein Zielumsatz zu erbringen ist.

Betrachten wir für die erste Wettrunde wieder das Spiel FC Malaga gegen Hercules Alicante der Spanischen Primera División.

Erinnern wir uns, was wir gesetzt hatten:

Wettanbieter:	Unibet	bet365	bet365
Wette:	Malaga	Unentsch.	Hercules
Quote:	1,68	3,80	5,00
Einsatz:	100,00 €	44,21 €	33,60 €

Wir wollen nun bei bet365 weniger dagegensetzen. Das soll zu dem Ergebnis führen, dass wir bei einem Gewinn von Malaga, also der Wette auf dem Konto mit dem freizuspielenden Bonus, unter dem Strich mehr zurückbekommen als bei einem Unentschieden oder einem Sieg von Hercules Alicante, also einer Wette auf dem freien Konto. Das bedeutet etwas weniger auszahlbaren Gewinn gegen mehr noch nicht auszahlbaren Gewinn.

Spielen wir einfach mal ein wenig mit den Zahlen herum, um einen ersten Eindruck zu bekommen. Setzen wir statt 44,21 € nur 35,00 € auf das Unentschieden und rechnen den dazu passenden Betrag für den Sieg von Hercules Alicante aus. Bei einer Quote von 3,80 bekämen wir bei einem Unentschieden für einen Einsaz von 35,00 € einen Betrag von

$$35,00 € \cdot 3,80 = 133,00 €$$

Wollen wir den gleichen Betrag bei einem Sieg von Hercules erhalten, müssen wir

$$133,00 € : 5,00 = 26,60 €$$

auf den Sieg von Hercules setzen.

Der Plan wäre nun also folgender:

Wettanbieter:	Unibet	bet365	bet365
Wette:	Malaga	Unentsch.	Hercules
Quote:	1,68	3,80	5,00
Einsatz:	100,00 €	35,00 €	26,60 €
bei Gewinn:	168,00 €	133,00 €	133,00 €

Nach einem Sieg von Malaga hätten wir folgende Bilanz:

Guthaben:	168,00 €
Kosten:	111,60 € (50,00 € Unibet, 61,60 € bet365)
Differenz:	56,40 €
Zielumsatz:	200,00 €

Nach einem Unentschieden oder einem Sieg von Hercules Alicante hätten wir:

Guthaben:	133,00 €
Kosten:	111,60 € (50,00 € Unibet, 61,60 € bet365)
Differenz:	21,40 €
Zielumsatz:	0,00 €

Bei einem Sieg von Malaga kämen wir zwar noch nicht an das Guthaben heran, aber wir wären mit 56,40 € im Plus. Das ist sogar mehr als der anfängliche Bonus. Bei einem Unentschieden oder einem Sieg von Hercules hätten wir zwar nur einen Gewinn von 21,40 €, dafür wäre aber alles sofort auszahlbar.

Versuchen wir es mit noch weniger Einsatz bei bet365. Nehmen wir nun statt 35,00 € auf Unentschieden nur 25,00 €. Wir würden also dafür

$$25,00 € \cdot 3,80 = 95,00 €$$

bekommen. Um für einen Sieg von Hercules ebenfalls 95,00 € zu bekommen, müssten wir darauf

$$95,00 € : 5,00 = 19,00 €$$

setzen.

Unsere Einsätze sähen also wie folgt aus:

Wettanbieter:	Unibet	bet365	bet365
Wette:	Malaga	Unentsch.	Hercules
Quote:	1,68	3,80	5,00
Einsatz:	100,00 €	25,00 €	19,00 €
bei Gewinn:	168,00 €	95,00 €	95,00 €

Betrachten wir nun wieder die Bilanzen und beginnen mit der nach dem Sieg von Malaga:

Guthaben:	168,00 €
Kosten:	94,00 € (50,00 € Unibet, 44,00 € bet365)
Differenz:	74,00 €
Zielumsatz:	200,00 €

Nach einem Unentschieden oder einem Sieg von Hercules:

Guthaben:	95,00 €
Kosten:	94,00 € (50,00 € Unibet, 44,00 € bet365)
Differenz:	1,00 €
Zielumsatz:	0,00 €

Bei einem Sieg von Malaga wäre das super, bei einem Unentschieden bzw. einem Sieg von Hercules Alicante nur ein Trostpreis.

Rechnen wir noch eine dritte Variante aus. Wie sieht das Ganze aus, wenn wir nur 20,00 € auf das Unentschieden setzen? Bei dessen Eintreffen kämen

$$20,00 \, € \cdot 3,80 = 76,00 \, €$$

heraus. Also müsste man

$$76,00 \, \text{€} : 5,00 = 15,20 \, \text{€}$$

auf den Sieg von Hercules dagegensetzen, um auch in diesem Fall den gleichen Betrag zu erhalten. Hier wieder die passende Übersicht:

Wettanbieter:	Unibet	bet365	bet365
Wette:	Malaga	Unentsch.	Hercules
Quote:	1,68	3,80	5,00
Einsatz:	100,00 €	20,00 €	15,20 €
bei Gewinn:	168,00 €	76,00 €	76,00 €

Die Bilanz nach einem Sieg von Malaga:

Guthaben:	168,00 €
Kosten:	85,20 € (50,00 € Unibet, 35,20 € bet365)
Differenz:	82,80 €
Zielumsatz:	200,00 €

Nach einem Unentschieden oder einem Sieg von Hercules:

Guthaben:	76,00 €
Kosten:	85,20 € (50,00 € Unibet, 35,20 € bet365)
Differenz:	-9,20 €
Zielumsatz:	0,00 €

Das wäre im zweiten Fall ein Verlust, also sind diese Einsätze zu klein.

Wo liegt nun die Grenze? Oder mit anderen Worten: Bei welchen Einsätzen auf dem bet365-Konto würden wir bei einem Unentschie-

23

den oder Sieg von Hercules mit einer Differenz von 0 aus der Sache herauskommen, und wie hoch wäre die Differenz bei einem Sieg von Malaga? Schön wäre auch, wenn wir uns einen Mindestgewinn vorgeben könnten, den wir bei einem Gewinn einer der Wetten auf dem freien Konto bekommen möchten.

Das ist durch eine recht einfache Formel möglich:

$$X = \frac{K + M}{Q - 1}$$

X steht für den gesuchten Gesamteinsatz auf dem freien Konto.

K sind die bisherigen Kosten.

M ist der gewünschte Mindestgewinn.

Q ist die Gesamtquote auf dem freien Konto.

Für die Herleitung der Formel verweise ich wieder auf das Kapitel „Formeln und Formelherleitungen".

Wir können damit nun unsere Fragen beantworten. Die Gesamtquote auf dem freien Konto haben wir bereits vorher schon einmal berechnet.

$$Q = \frac{1}{\frac{1}{3,80} + \frac{1}{5,00}} = 2,159$$

Die bisherigen Kosten sind $K = 50,00 \text{ €}$

Zunächst wollen wir wissen, welchen Betrag X wir auf dem freien Konto einsetzen müssen für $M = 0,00 \text{ €}$

$$X = \frac{50,00 \text{ €}}{2,159 - 1} = \frac{50,00 \text{ €}}{1,159} = 43,14 \text{ €}$$

Diesen Betrag teilen wir nun passend zu den Einzelquoten auf. Wir setzen auf Unentschieden

$$43,14\,€ \cdot \frac{2,159}{3,80} = 24,51\,€$$

und den Rest, also

$$43,14\,€ - 24,51\,€ = 18,63\,€$$

auf den Sieg von Hercules Alicante. Auch für diese Berechnungen sei wieder auf das Kapitel „Formeln und Formelherleitungen" verwiesen.

Schauen wir uns die geplanten Wetten nun wieder in der Übersicht an:

Wettanbieter:	Unibet	bet365	bet365
Wette:	Malaga	Unentsch.	Hercules
Quote:	1,68	3,80	5,00
Einsatz:	100,00 €	24,51 €	18,63 €
bei Gewinn:	168,00 €	93,14 €	93,15 €

Die Cent-Abweichung resultiert aus der Rundung auf zwei Stellen.

Zur Überprüfung nun die beiden Bilanzen. Zunächst wieder die nach einem Sieg von Malaga:

Guthaben:	168,00 €
Kosten:	93,14 € (50,00 € Unibet, 43,14 € bet365)
Differenz:	74,86 €
Zielumsatz:	200,00 €

Nach einem Unentschieden oder Sieg von Hercules:

Guthaben:	93,14 €
Kosten:	93,14 € (50,00 € Unibet, 43,14 € bet365)
Differenz:	0,00 €
Zielumsatz:	0,00 €

Wir sehen, bei einem Einsatz von 43,14 € auf dem bet365-Konto würden wir nach einem Unentschieden oder einem Sieg von Hercules mit 0,00 € aus der Sache herauskommen – vergessen wir mal die Cent-Abweichung. Nach einem Sieg von Malaga hätten wir auf dem Unibet-Konto ein Plus von 74,86 €.

Auch wenn die Wahrscheinlichkeiten für ein Unentschieden bzw. einen Sieg von Hercules relativ gering sind, sind diese Ausgänge doch nicht unmöglich. Da wäre es doch traurig, wenn wir uns die ganze Arbeit mit den Berechnungen umsonst gemacht hätten. Deshalb will ich nun in unserem Beispiel 2, welches mit den gleichen Wetten wie das Beispiel 1 arbeitet, einen gewünschten Mindestgewinn von 10,00 € ansetzen.

Beispiel 2

Guthaben:	100,00 €
Kosten:	50,00 €
Differenz:	50,00 €
Zielumsatz:	300,00 €

Planen wir also die erste Wette.

Wette 1:

Wettanbieter:	Unibet	bet365	bet365
Wette:	Malaga	Unentsch.	Hercules
Quote:	1,68	3,80	5,00
Einsatz:	100,00 €	?	?
bei Gewinn:	168,00 €		

Um die Tabelle zu vervollständigen, benutzen wir wieder unsere Formel zur Berechnung des Einsatzes auf dem freien Konto.

$$X = \frac{50,00 \, € + 10,00 \, €}{2,159 - 1} = \frac{60,00 \, €}{1,159} = 51,77 \, €$$

Die Einzeleinsätze X_1 und X_2 berechnen sich:

$$X_1 = 51,77 \, € \cdot \frac{2,159}{3,80} = 29,41 \, €$$

$$X_2 = 51,77 \, € - 29,41 \, € = 22,36 \, €$$

Damit komplettieren wir nun die Tabelle:

Wettanbieter:	Unibet	bet365	bet365
Wette:	Malaga	Unentsch.	Hercules
Quote:	1,68	3,80	5,00
Einsatz:	100,00 €	29,41 €	22,36 €
bei Gewinn:	168,00 €	111,76 €	111,80 €

Nun gut, auf den Cent genau klappt das selten. Wir wollen hier auch keine „Cent-Fuchserei" betreiben. Zahlen wir also statt 51,77 € auf das bet365-Konto glatte 52,00 € ein und teilen das in etwa so auf wie berechnet:

Wettanbieter:	Unibet	bet365	bet365
Wette:	Malaga	Unentsch.	Hercules
Quote:	1,68	3,80	5,00
Einsatz:	100,00 €	29,60 €	22,40 €
bei Gewinn:	168,00 €	112,48 €	112,00 €

Damit hätten wir insgesamt Kosten von 102,00 € (50,00 € Unibet und 52,00 € bet365). Das wäre nach einem Sieg von Malaga auf dem Unibet-Konto ein Plus von

$$168,00 \, € - 102,00 \, € = 66,00 \, €$$

allerdings mit einem restlichen Zielumsatz von 200,00 €. Nach einem Unentschieden hätten wir ein Plus von

$$112,48 \, € - 102,00 \, € = 10,48 \, €$$

Nach einem Sieg von Hercules wäre es ein Plus von

$$112,00 \, € - 102,00 \, € = 10,00 \, €$$

wobei alles auszahlbar wäre.

Wollen wir nun also annehmen, wir hätten so gesetzt, und sehen, wie es weitergeht.

Wir wissen, dass Malaga gewonnen hat. Also hätten wir folgende Bilanz:

Guthaben:	168,00 €
Kosten:	102,00 €
Differenz:	66,00 €
Zielumsatz:	200,00 €

Nehmen wir uns für den weiteren Verlauf unseres Beispiel 2 nun die nächste Wettkombination, die wir in Beispiel 1 verwendet hatten, her. Es handelte sich bei dem Sportereignis um das Tennis-Match zwischen Ivan Ljubicic und Gilles Simon im ATP Masters in Madrid.

Wette 2:

Wettanbieter:	Unibet	bet365
Wette:	G. Simon	I. Ljubicic
Quote:	1,70	2,25
Einsatz:	168,00 €	?
bei Gewinn:	285,60 €	

Geben wir uns wieder einen ungefähren Mindestgewinn vor, den wir erzielen wollen, wenn die Wette auf dem freien Konto gewonnen wird. Ich lege diesen jetzt mit etwa 15,00 € fest, etwas höher als in der ersten Runde, da es nun etwas länger dauert.

Da wir hier nur eine Wette auf dem freien Konto setzen, brauchen wir nicht erst eine Gesamtquote aus Einzelquoten auszurechnen. Wir haben alle Angaben, um daraus den erforderlichen bet365-Einsatz zu berechnen:

$$X = \frac{102,00\,€ + 15,00\,€}{2,25 - 1} = \frac{117,00\,€}{1,25} = 93,60\,€$$

Nehmen wir wieder glatte 94,00 €.

Wettanbieter:	Unibet	bet365
Wette:	G. Simon	I. Ljubicic
Quote:	1,70	2,25
Einsatz:	168,00 €	94,00 €
bei Gewinn:	285,60 €	211,50 €

Bei einem Sieg von Ljubicic käme dann ein Plus von

$$211,50 \, \text{\euro} - 196,00 \, \text{\euro} = 15,50 \, \text{\euro}$$

heraus. Dafür wäre das aber bei einem Sieg von Simon auf dem Unibet-Konto ein Plus von

$$285,60 \, \text{\euro} - 196,00 \, \text{\euro} = 89,60 \, \text{\euro}$$

Wir hätten also in beiden Fällen eine Steigerung des Gewinns.

Wollen wir es also wieder als so gesetzt annehmen. Wir wissen, dass Simon gewonnen hat.

Damit hätten wir folgende Bilanz:

Guthaben:	285,60 €
Kosten:	196,00 €
Differenz:	89,60 €
Zielumsatz:	32,00 €

Selbst wenn wir nun den restlichen Zielumsatz einfach durch irgendeine Wette ohne eine Gegenwette erbringen würden, bliebe uns bei Verlust dieses Betrages noch ein schöner Gewinn von

$$89,60 \, \text{\euro} - 32,00 \, \text{\euro} = 57,60 \, \text{\euro}$$

Umso besser natürlich, wenn wir diese Wette gewinnen würden. Wir wollen aber das Beispiel auf Nummer sicher zu Ende bringen.

Da wir nach dem noch zu erbringenden Einsatz von 32,00 € die Bonusbedingungen bei Unibet erfüllt haben und dann auch hier alles auszahlen lassen können, ist es nicht von Vorteil, wieder „schief" zu setzen. Wir verwenden also die letzte Wettkombination genauso wie im Beispiel 1. Es handelte sich dabei um das Tennis-Match zwischen Anastasia Pavlyuchenkova und Samantha Stosur im WTA-Turnier in Madrid. Erinnern wir uns an die Berechnung des benötigten Einsatzes auf dem bet365-Konto:

$$32,00\,\text{€}\cdot\frac{1,60}{2,25}=22,76\,\text{€}$$

Da wir im Beispiel 2 unsere Einsätze bisher immer gerundet haben, wollen wir das auch jetzt tun und setzen 23,00 €.

Wette 3:

Wettanbieter:	Unibet	bet365
Wette:	S.Stosur	A. Pavlyuchenkova
Quote:	1,60	2,25
Einsatz:	32,00 €	23,00 €
bei Gewinn:	51,20 €	51,75 €

Wir wissen, dass Pavlyuchenkova gewonnen hat.

Damit befinden sich auf dem Unibet-Konto

$$285,60\,\text{€}-32,00\,\text{€}=253,60\,\text{€}$$

und auf dem bet365-Konto 51,75 €. Wir haben also folgende Schlussbilanz:

Guthaben:	305,35 €
Kosten:	219,00 €
Differenz:	86,35 €
Zielumsatz:	0,00 €

Auch in diesem Beispiel 2 haben wir immer auf Nummer sicher gespielt. Unsere Rendite fällt aber mit einem Gewinn von 86,35 € auf einen Einsatz von insgesamt 219,00 € mit

$$86,35 \text{ €} : 219,00 \text{ €} = 0,3943 = 39,43\%$$

in nur ein paar Tagen etwas höher aus. Zugegeben, dazu gehörte etwas Glück, aber auch im schlechtesten Fall hätten wir noch einen Trostpreis von mindestens 10,00 € bekommen.

Die Idee des schiefen Freispielens sollte damit klar sein. Für ein schnelleres Ende und damit eine vorzeitige Auszahlung nehmen wir einen kleineren Gewinn in Kauf, während bei weiteren Wettrunden der Gewinn wächst.

Bonusarten und ihre Einschätzung

Wie erkennt man, ob man ein Bonusangebot annehmen sollte oder nicht? In den ersten beiden Kapiteln bzw. Beispielen haben wir uns nur mit einer Art von Bonusangebot beschäftigt. Das war recht lukrativ, wie wir gesehen haben.

Da es einige verschiedene Arten von Bonus gibt, und die Anbieter sich auch hin und wieder mal etwas Neues einfallen lassen, gibt es keine universelle Formel, mit der man berechnen kann, ob das Angebot gut oder schlecht ist. Was man sich aber aneignen kann, sind ein paar Betrachtungsweisen, mit denen man es einschätzen kann. Ich will hier einige darstellen, natürlich immer anhand von Beispielen.

Bonusgutschrift unmittelbar nach der Einzahlung

Unter dieser Überschrift möchte ich die Bonusangebote zusammenfassen, die so geartet sind wie das in unserem Beispiel 1 bzw. 2 verwendete. Es funktioniert so, dass man einen Betrag einzahlt, dafür einen bestimmten Prozentsatz der Einzahlung als Bonus dazubekommt und dafür vor der ersten Auszahlung einen bestimmten Zielumsatz, meist ein Vielfaches von Einzahlung bzw. Bonus erbringen muss. Dafür ist eine Mindestquote vorgegeben, also es zählen nur Wetten mit einer Quote größer oder gleich dieser Mindestquote. Zur Erbringung des Zielumsatzes hat man meistens nur eine bestimmte Zeitspanne zur Verfügung.

Beispiel 3

Wir betrachten den Neukundenbonus von Tipico. Hier bekommt man momentan – wir haben gerade Anfang Juni 2011 – auf die erste Einzahlung einen Bonus von 100 % bis zu 100,00 €. Einzahlungsbetrag und Bonus müssen vor der ersten Auszahlung jeweils dreimal in Sportwetten mit einer Mindestquote von 2,0 eingesetzt werden. Dabei zählt jeweils nur eine Wette, sofern man auf mehrere Ausgänge eines Sportereignisses gleichzeitig wettet. Also würde man auf diesem Wettkonto grundsätzlich nur auf jeweils einen Ausgang wetten.

Nehmen wir an, wir nutzen diesen Bonus, zahlen also 100,00 € ein und bekommen 100,00 € dazu. Die anfängliche Situation ist also:

Guthaben:	200,00 €
Kosten:	100,00 €
Differenz:	100,00 €
Zielumsatz:	600,00 €
Mindestquote:	2,0

Überprüfen wir zunächst, ob man hier mit der Methode des gleichmäßigen Bonusfreispielens noch einen Gewinn übrig behält. Wir brauchen dazu noch keine konkreten Wetten auszusuchen, sondern gehen einfach davon aus, dass wir zu einer Wette mit einer Quote von 2,0 jeweils eine bzw. mehrere geeignete Gegenwetten mit einer Gesamtquote von 1,7 finden, die wir auf einem oder mehreren anderen freien Wettkonten setzen können.

Woher stammt diese Vorgabe einer Quote von 1,7? Das ist einfach ein Erfahrungswert. Ein Wettangebot auf ein Sportereignis mit zwei Ausgängen, mit den Quoten $Q_1 = 2,0$ und $Q_2 = 1,7$ hat eine Gesamtquote von

$$Q_{gesamt} = \frac{1}{\dfrac{1}{Q_1} + \dfrac{1}{Q_2}} = \frac{1}{\dfrac{1}{2.0} + \dfrac{1}{1,7}} = 0,92$$

Siehe Kapitel „Formeln und Formelherleitungen".

Einige Buchmacher bieten etwas bessere Quoten an, aber die o. g. Gesamtquote liegt etwa im üblichen Bereich. Da wir uns nicht darauf verlassen können, dass wir immer ausgezeichnete Quoten finden, ist diese Quotenkombination zur Grobkalkulation recht gut geeignet.

Simulieren wir nun also die erste Wettrunde. Wir würden auf dem Tipico-Konto die gesamten 200,00 € zu einer Quote von 2,0 einsetzen. Auf einem freien Konto wetten wir mit einem passenden Betrag genau auf das Gegenteil zu einer Quote von 1,7. Da wir bei Gewinn der Tipico-Wette

$$2,0 \cdot 200,00\,€ = 400,00\,€$$

zurückerhalten würden, müssen wir auf dem freien Konto

$$400,00\,€ : 1,7 = 235,29\,€$$

auf das Gegenteil wetten, um den gleichen Betrag zurückzuerhalten.

Wettanbieter:	Tipico	freies Konto
Quote:	2,0	1,7
Einsatz:	200,00 €	235,29 €
bei Gewinn:	400,00 €	400,00 €

Nach dem Ereignis wird es, egal wie es ausgeht, wie folgt aussehen:

Guthaben:	400,00 €
Kosten:	335,29 € (100,00 € Tipico, 235,29 € freies Konto)
Differenz:	64,71 €

Im Fall, dass die Wette auf dem freien Konto gewonnen wird, können wir alles auszahlen lassen und die Differenz von 64,71 € ist der Gewinn. Wird jedoch die Tipico-Wette gewonnen, haben wir noch einen restlichen Wettumsatz von 400,00 € auf dem Tipico-Konto zu erbringen. Wir würden also das gesamte Guthaben von 400,00 € hier noch einmal einsetzen, womit dann alles auszahlbar wäre.

Wir kalkulieren nun also eine weitere Wette mit unseren Testquoten. Diesmal müssen wir auf dem freien Konto weitere

$$400,00\,€ \cdot \frac{2,0}{1,7} = 470,59\,€$$

einsetzen.

Wettanbieter:	Tipico	freies Konto
Quote:	2,0	1,7
Einsatz:	400,00 €	470,59 €
bei Gewinn:	800,00 €	800,00 €

Nach der Begegnung ist der Zielumsatz für den Bonus erbracht und alles ist in jedem Fall auszahlbar. Darum haben wir, egal wie der Ausgang ist, folgende Bilanz:

Guthaben:	800,00 €
Kosten:	805,88 € (100,00 €, 235,29 €, 470,59 €)
Differenz:	-5,88 €

Das ist leider ein kleiner Verlust. Zugegeben, mit etwas besseren Quoten würde vielleicht kein Verlust herauskommen, aber auch kein sehr großer Gewinn. Etwas gewinnen würde man nur, wenn die erste Wette auf dem freien Konto erfolgreich wäre. Das ist nicht wirklich zufriedenstellend.

Nun wollen wir einmal die Methode des schiefen Freispielens durchrechnen. Die Ausgangssituation:

Guthaben:	200,00 €
Kosten:	100,00 €
Differenz:	100,00 €
Zielumsatz:	600,00 €
Mindestquote:	2,0

Überlegen wir uns zunächst, was wir als Mindestgewinn für die erste Runde ansetzen wollen. Sinnvoll ist ein Wert zwischen 0,00 € und

64,71 €. Ich möchte das für die Varianten 10,00 €, 20,00 €, 30,00 € und 40,00 € durchrechnen.

Beginnen wir also mit einem Mindestgewinn $M = 10,00 €$, die verwendete Quote ist $Q = 1,7$, Die bisherigen Kosten sind $K = 100,00 €$. Damit berechnen wir den Einsatz X für das freie Wettkonto:

$$X = \frac{K+M}{Q-1} = \frac{100,00 € + 10,00 €}{1,7-1} = \frac{110,00 €}{0,7} = 157,14 €$$

Zur Erläuterung der Formel siehe Kapitel „Formeln und Formelherleitungen".

Rechnen wir das nun genauso für die anderen Mindestgewinne aus, indem wir die obige Formel anwenden. Wir erhalten folgende Ergebnisse:

Mindestgewinn M	Einsatz auf freiem Konto X
10,00 €	157,14 €
20,00 €	171,43 €
30,00 €	185,71 €
40,00 €	200,00 €

Sehen wir uns nun an, wie es jeweils nach der ersten Wette auf dem freien Konto bei gewonnener Wette aussehen würde:

$Q = 1,7$ (Quote auf dem freien Konto)

$K = 100,00 €$ (bisherige Kosten)

Einsatz X	157,14 €	171,43 €	185,71 €	200,00 €
bei Gewinn $Q \cdot X$	267,14 €	291,43 €	315,71 €	340,00 €
Kosten $K + X$	257,14 €	271,43 €	285,71 €	300,00 €
Gewinn M	10,00 €	20,00 €	30,00 €	40,00 €

Das ist nicht weiter verwunderlich, dann so hatten wir es geplant. Interessant ist nun jeweils das Gegenstück, also wie das Tipico-Konto nach Gewinn der dort gesetzten Wette aussehen würde.

Tipico-Konto Quote: 2,0

$K = 100,00 €$ (bisherige Kosten)

Einsatz:	200,00 €	200,00 €	200,00 €	200,00 €
bei Gewinn:	400,00 €	400,00 €	400,00 €	400,00 €
Kosten $K + X$	257,14 €	271,43 €	285,71 €	300,00 €
Differenz:	142,86 €	128,57 €	114,29 €	100,00 €

Würden wir die Wette auf dem freien Konto gewinnen, hätten wir also genau einen Gewinn von M (=10,00 €, 20,00 €, 30,00 € bzw. 40,00 €). Würden wir die Wette auf dem Tipico-Konto gewinnen, wäre danach in jedem Fall ein Guthaben von 400,00 € auf diesem Konto, was genau dem benötigten restlichen Zielumsatz zur Erfüllung der Bonusbedingungen entspricht. Da nach der zweiten und letzten Wettrunde das Guthaben auf jeden Fall ausgezahlt werden kann, spielen wir diese Runde jeweils gleichmäßig frei. Also setzen wir auf dem freien Konto weitere 470,59 € dagegen, wie wir es in der vorigen Betrachtung getan haben. Damit haben wir entweder

$$400,00 € \cdot 2,0 = 800,00 €$$

auf dem Tipico-Konto oder

$$470,59 € \cdot 1,7 = 800,00 €$$

auf dem anderen Konto. Rechnen wir nun jeweils für die vier Varianten die Differenz aus, welche unserem Reingewinn entspricht:

Guthaben:	800,00 €	800,00 €	800,00 €	800,00 €
Kosten:	727,73 €	742,02 €	756,30 €	770,59 €
Differenz = Gewinn:	72,27 €	57,98 €	43,70 €	29,41 €

Wenn man jeweils den Gewinn mit dem gesamten Einsatz vergleicht, sind das alles ganz passable Renditen.

Sei mit Verlauf 1 derjenige Wettverlauf bezeichnet, bei dem die erste Wette auf dem freien Konto gewonnen wird, mit Verlauf 2 der andere. Vergleichen wir nun für unsere vier Varianten die jeweiligen Gewinne miteinander:

Gewinn bei Verlauf 1:	10,00 €	20,00 €	30,00 €	40,00 €
Gewinn bei Verlauf 2:	72,27 €	57,98 €	43,70 €	29,41 €

Nun ist es durch die richtige Wahl des Mindestgewinns M, wodurch der erste Einsatz X auf dem freien Konto berechnet wird, möglich, es so einzurichten, dass bei Verlauf 1 der gleiche Gewinn herauskommt wie bei Verlauf 2. Wenn man sich die Zahlen so ansieht, wird leicht klar, dass M in diesem Fall zwischen 30,00 € und 40,00 € liegen muss.

Ich will das spaßeshalber hier genau ausrechnen. Da es keine Formel ist, die wir noch öfter gebrauchen können, werde ich die Herleitung nicht ins Kapitel „Formeln und Formelherleitungen" schreiben, sondern die Berechnung hier direkt durchführen.

Bei Verlauf 1 gewinnen wir M, den von uns vorgegebenen Mindestgewinn. Bei Verlauf 2 wollen wir nun ebenfalls M gewinnen, also muss gelten:

$$800,00\,€ - (K + X + 470,59\,€) = M$$

Es ist

$$K = 100,00\,€$$

Die Klammern lösen wir auf. Also:

$$800,00\,€ - 100,00\,€ - X - 470,59\,€ = M$$

Fassen wir weiter zusammen:

$$229,41\,€ - X = M$$

Den ersten Einsatz X auf dem freien Konto hatten wir so berechnet:

$$X = \frac{100,00\,€ + M}{0,7}$$

Das setzen wir ein, haben damit:

$$229,41\,€ - \frac{100,00\,€ + M}{0,7} = M$$

Diese Gleichung mit nur einer Unbekannten M lösen wir nun nach M auf, und haben damit, was wir suchen:

$$0,7 \cdot 229,41\,€ - 100,00\,€ - M = 0,7 \cdot M$$

$$0,7 \cdot 229,41\,€ - 100,00\,€ = 1,7 \cdot M$$

$$1,7 \cdot M = 0,7 \cdot 229,41\,€ - 100\,€ = 60,59\,€$$

$$M = 60,59\,€ : 1,7 = 35,64\,€$$

Das entspricht einem ersten Einsatz X auf dem freien Konto von

$$X = 135,64\,€ : 0,7 = 193,77\,€$$

Wenn wir also in der ersten Wettrunde 193,77 € setzen, erhalten wir unabhängig vom Verlauf am Ende einen Gewinn von 35,64 €.

Die ausgerechneten Zahlen beruhen allerdings darauf, dass wir immer Quoten von genau 2,0 bzw. 1,7 verwenden. Das wird in der Realität meistens nicht so sein, oftmals findet man bessere Quoten, wodurch der Gewinn etwas höher ausfällt.

Fazit zu diesem Beispiel 3: Gleichmäßiges Bonusfreispielen birgt ein Risiko in sich. Schiefes Freispielen wie oben beschrieben liefert bei diesem Bonus bessere Ergebnisse.

Beispiel 4

Anlässlich der diesjährigen Eishockey-WM erhielt ich von bet-at-home ein Angebot mit der Schlagzeile „Wir schenken Ihnen jetzt bis zu 200,00 €". Folgender Wettbonus steckte dahinter: Auf die erste Einzahlung zwischen dem 18.04.2011 und dem 09.05.2011 sollte es 50 % des Einzahlungsbetrages, jedoch maximal 200,00 €, als Bonus dazugeben. Vor der ersten Auszahlung sollten eingezahlter Betrag und Bonus je viermal in Sportwetten mit einer Mindestquote von 2,0 umgesetzt werden, und zwar innerhalb von 180 Tagen.

Wenn wir dieses Bonusangebot mit Beispiel 3 vergleichen, wird klar, dass es etwas schlechter ist, denn in Beispiel 3 gab es 100 % Bonus, hier gibt es nur 50 %. In Beispiel 3 mussten Einzahlung und Bonus dreimal mit einer Mindestquote von 2,0 umgesetzt werden, hier mit der gleichen Mindestquote viermal. Wir können uns recht schnell klarmachen, dass gleichmäßiges Freispielen unter Zuhilfenahme eines freien Kontos nicht ohne Risiko funktioniert. Ich stelle das hier in Kurzform ohne ausführliche Erklärungen dar. Dabei gehe ich wieder von einer Quotenkombination 2,0 zu 1,7 aus.

Anfangsbilanz:

Guthaben:	600,00 €
Kosten:	400,00 €
Differenz:	200,00 €
Zielumsatz:	2.400,00 €
Mindestquote:	2,0

Wettrunde 1:

Wettanbieter:	bet-at-home	freies Konto
Quote:	2,0	1,7
Einsatz:	600,00 €	705,88 €
bei Gewinn:	1.200,00 €	1.200,00 €

Bilanz nach Wettrunde 1:

Guthaben:	1.200,00 €
Kosten:	1.105,88 € (400,00 €, 705,88 €)
Differenz:	94,12 €
Zielumsatz:	1.800,00 € bei bet-at-home-Gewinn, 0,00 € sonst

Wettrunde 2 (falls bet-at-home-Gewinn in Wettrunde 1):

Wettanbieter:	bet-at-home	freies Konto
Quote:	2,0	1,7
Einsatz:	1.200,00 €	1.411,76 €
bei Gewinn:	2.400,00 €	2.400,00 €

Bilanz nach Wettrunde 2:

Guthaben:	2.400,00 €
Kosten:	2.517,64 € (400,00 €, 705,88 €, 1.411,76 €)
Differenz:	-117,64 €
Zielumsatz:	600,00 € bei bet-at-home-Gewinn, 0,00 € sonst

Wettrunde 3 (falls bet-at-home-Gewinn in Wettrunde 2):

Wettanbieter:	bet-at-home	freies Konto
Quote:	2,0	1,7
Einsatz:	600,00 €	705,88 €
bei Gewinn:	1.200,00 €	1.200,00 €

Bilanz nach Wettrunde 3:

Guthaben:	3.000,00 €
Kosten:	3.223,52 € (400,00 €, 705,88 €, 1.411,76 €, 705,88 €)
Differenz:	-223,52 €
Zielumsatz:	0,00 €

Wie wir sehen, sollte man von dieser Art des Bonusfreispielens Abstand nehmen, denn nur wenn die erste Wette auf dem freien Konto gewonnen wird, hat man einen Gewinn, ansonsten einen relativ hohen Verlust.

Wie sieht es bei diesem Bonus mit der Methode des schiefen Freispielens aus? Betrachten wir gleich den Extremfall, wir setzen also auf dem freien Konto jeweils nur gerade den Betrag, der benötigt wird, um ohne Verlust herauszukommen. Also setzen wir den Mindestgewinn mit 0,00 € an.

Die Anfangsbilanz ist die gleiche wie in der vorigen Betrachtung:

Guthaben:	600,00 €
Kosten:	400,00 €
Differenz:	200,00 €
Zielumsatz:	2.400,00 €
Mindestquote:	2,0

Der erste Einsatz für das freie Konto mit einer Quote von 1,7 berechnet sich:

$$X = \frac{K}{Q-1} = \frac{400,00 €}{0,7} = 571,43 €$$

Siehe Kapitel „Formeln und Formelherleitungen".

Wettrunde 1:

Wettanbieter:	bet-at-home	freies Konto
Quote:	2,0	1,7
Einsatz:	600,00 €	571,43 €
bei Gewinn:	1.200,00 €	971,43 €

Bilanz nach dem Gewinn auf dem freien Konto:

Guthaben:	971,43 €
Kosten:	971,43 € (400,00 €, 571,43 €)
Differenz:	0,00 €
Zielumsatz:	0,00 €

Bilanz nach Gewinn auf dem bet-at-home-Konto:

Guthaben:	1.200,00 €
Kosten:	971,43 € (400,00 €, 571,43 €)
Differenz:	228,57 €
Zielumsatz:	1.800,00 €

Wettrunde 2 (falls bet-at-home-Gewinn in Wettrunde 1):

Berechnung des Einsatzes auf dem freien Konto:

$$X = \frac{K}{Q-1} = \frac{971,43 €}{0,7} = 1.387,76 €$$

Wettanbieter:	bet-at-home	freies Konto
Quote:	2,0	1,7
Einsatz:	1.200,00 €	1.387,76 €
bei Gewinn:	2.400,00 €	2.359,19 €

Bilanz nach Gewinn auf dem freien Konto:

Guthaben:	2.359,19 €
Kosten:	2.359,19 € (400,00 €, 571,43 €, 1.387,76 €)
Differenz:	0,00 €
Zielumsatz:	0,00 €

Bilanz nach Gewinn auf dem bet-at-home-Konto:

Guthaben:	2.400,00 €
Kosten:	2.359,19 € (400,00 €, 571,43 €, 1.387,76 €)
Differenz:	40,81 €
Zielumsatz:	600,00 €

Wettrunde 3 (falls bet-at-home-Gewinn in Wettrunde 2):

Da nach dieser Runde die Bonusbedingungen erfüllt sein werden, ist es egal, auf welchem Konto die Wette gewonnen wird. Also wird die letzte Runde gleichmäßig freigespielt. Auf dem bet-at-home-Konto werden 600,00 € zu einer Quote von 2,0 gewettet. Damit muss auf dem freien Konto zu einer Quote von 1,7 ein Betrag von

$$600,00\,€ \cdot \frac{2,0}{1,7} = 705,88\,€$$

gesetzt werden.

Wettanbieter:	bet-at-home	freies Konto
Quote:	2,0	1,7
Einsatz:	600,00 €	705,88 €
bei Gewinn:	1.200,00 €	1.200,00 €

Bilanz nach Wettrunde 3:

Guthaben:	3.000,00 €
Kosten:	3.065,07 € (400,00 €, 571,43 €, 1.387,76 €, 705,88 €)
Differenz:	-65,07 €
Zielumsatz:	0,00 €

Auch das schiefe Freispielen unter Zuhilfenahme eines freien Kontos funktioniert für diesen Bonus nicht. Die Schlagzeile „Wir schenken Ihnen jetzt bis zu 200,00 €" ist überhaupt nichts wert. Dabei spielt es keine Rolle, ob wir das Bonusangebot voll oder nur zum Teil ausschöpfen, z. B. 100,00 € einzahlen, 50,00 € Bonus bekommen und dann einen Zielumsatz von 600,00 € zu erbringen haben. Die Beträge in den Beispielrechnungen fallen dann zwar nicht so hoch aus, aber das Verhältnis von Gewinn bzw. Verlust ist dasselbe.

Außerdem kann es ziemlich schwierig werden, einen hohen Einsatz auf eine einfache Wette zu setzen. Meistens gibt es individuelle Limits, die nicht von vornherein zu den einzelnen Wetten angezeigt werden. Bei manchen Anbietern wird die gesamte Wette abgelehnt, wenn der Einsatz zu hoch ist, bei anderen, was schlimmer ist, wird ein Teilbetrag als Wette gebucht und der Rest abgewiesen. Deshalb ist es wichtig, seine Wetten am besten mehrere Stunden vor Annahmeschluss zu platzieren. Solche Limits schlagen häufig erst kurz vor Schluss zu. Außerdem empfiehlt es sich, immer zuerst die Wette auf dem freizuspielenden Konto einzugeben. Wird diese nur zum Teil angenommen, setzt man bei der Gegenwette auf dem freien Konto einfach entsprechend weniger. Wird die Wette auf dem Bonuskonto angenommen und die Wette auf dem freien Konto nicht oder nur zum Teil, hat man noch genügend Zeit, ein weiteres freies Konto einzubeziehen, um den Rest zu setzen. Außerdem empfiehlt es sich, nur „gebräuchliche" Wetten zu setzen, also auf große bekannte Sportereignisse, weil das sehr viele Leute tun, und somit die Gefahr eines Limits nicht so groß ist. Außerdem ist die Gesamtquote bei Wetten auf bekannte Sportereignisse meist höher als bei Exoten.

Ich will dennoch einmal auf das Bonusangebot aus Beispiel 4 zurückkommen. Wir waren zu dem Schluss gekommen, dass es ohne Risiko nicht möglich ist, diesen Bonus mittels eines freien Kontos freizuspielen. Aber es ist durchaus denkbar, diesen Bonus oder einen Teil davon in Anspruch zu nehmen und zusammen mit einem oder mehreren anderen Bonuskonten freizuspielen.

Beispiel 5

Betrachten wir den Neukundenbonus von Sportingbet, so wie er zu der Zeit des in Beispiel 4 betrachteten Bonus von bet-at-home angeboten wurde. Hier gibt es auf die erste Einzahlung 100 % als Bonus hinzu, maximal 100,00 €. Einsatz und Bonus müssen innerhalb von 3 Monaten dreimal zu einer Mindestquote von 1,5 in Sportwetten eingesetzt werden.

Nehmen wir an, wir schöpfen diesen Bonus von 100,00 € vollständig aus, und wir nehmen 41,50 € des unter Beispiel 4 betrachteten Bonus von bet-at-home in Anspruch. Also zahlen wir auf das Sportingbet-Konto 100,00 € und auf das bet-at-home-Konto 83,00 € ein. Bei Sportingbet gibt es 100,00 €, bei bet-at-home 41,50 € (=50 % der Einzahlung) dazu.

Damit haben wir folgende Anfangsbilanz:

Guthaben:	324,50 €
Kosten:	183,00 € (100,00 € Sportingbet, 83,00 € bet-at-home)
Differenz:	141,50 €
Zielumsatz:	1.098,00 € (600 € Sportingbet, 498,00 € bet-at-home)

Die Mindestquoten sind 1,5 bei Sportingbet bzw. 2,0 bei bet-at-home.

Wir betrachten nun wieder ein Sportereignis mit zwei Ausgängen, von denen genau einer eintreten wird, und legen dafür eine Quotenkombination von 1,5 und 2,4 zugrunde. Das ist wieder ein Erfahrungswert für etwas, das man relativ einfach finden wird. Die Gesamtquote daraus berechnet sich

$$Q_{gesamt} = \frac{1}{\dfrac{1}{1,5} + \dfrac{1}{2,4}} = 0,92$$

Siehe Kapitel „Formeln und Formelherleitungen".

Meistens findet man sogar bessere Werte. Aber es ist in Ordnung, bei einer Schätzung etwas pessimistischer heranzugehen.

Planen wir nun also unsere erste Wettrunde. Auf dem Sportingbet-Konto wollen wir das gesamte Guthaben von 200,00 € zu einer Quote von 1,5 einsetzen. Bei Gewinn würden wir also

$$200,00 \, \text{€} \cdot 1,5 = 300,00 \, \text{€}$$

erhalten. Um den gleichen Betrag zu erhalten, müssen wir auf dem bet-at-home-Konto mit einer Quote von 2,4 also

$$300,00 \, \text{€} : 2,4 = 125,00 \, \text{€}$$

dagegensetzen. Wir haben dort in etwa ein solches Guthaben. Deshalb habe ich die Einzahlung bei bet-at-home so gewählt. Anstelle der 125,00 € setzen wir bei bet-at-home eben nur die vorhandenen 124,50 €. Mit dieser kleinen „Schiefe" können wir leben.

So sieht also Wettrunde 1 aus:

Wettanbieter:	Sportingbet	bet-at-home
Quote:	1,5	2,4
Einsatz:	200,00 €	124,50 €
bei Gewinn:	300,00 €	298,80 €

Verlauf 1: Nach einem Gewinn der Sportingbet-Wette:

Guthaben:	300,00 €
Kosten:	183,00 € (100,00 € Sportingbet, 83,00 € bet-at-home)
Differenz:	117,00 €
Zielumsatz:	400,00 € (bei Sportingbet mit Mindestquote 1,5)

Verlauf 2: Nach einem Gewinn der bet-at-home-Wette:

Guthaben:	298,80 €
Kosten:	183,00 € (100,00 € Sportingbet, 83,00 € bet-at-home)
Differenz:	115,80 €
Zielumsatz:	373,50 € (bei bet-at-home mit Mindestquote 2,0)

Nehmen wir nun an, wir wollen den Rest unter Zuhilfenahme eines freien Kontos freispielen. Das könnten wir mit der Methode des gleichmäßigen oder des schiefen Freispielens versuchen. Ich beginne mit der Darstellung des gleichmäßigen Freispielens.

Verlauf 1: In Wettrunde 1 wurde die Sportingbet-Wette gewonnen, weiter mit gleichmäßigem Freispielen.

Wettrunde 2:

Wettanbieter:	Sportingbet	freies Konto
Quote:	1,5	2,4
Einsatz:	300,00 €	187,50 €
bei Gewinn:	450,00 €	450,00 €

Bilanz nach Stattfinden:

Guthaben:	450,00 €
Kosten:	370,50 € (100,00 €, 83,00 €, 187,50 €)
Differenz:	79,50 €
Zielumsatz:	100,00 € bei Sportingbet-Gewinn, 0,00 € sonst

Verlauf 1.1: Würde die Wette auf dem freien Konto gewonnen werden, hätten wir einen Reingewinn von 79,50 € bei einem Gesamteinsatz von 370,50 €.

Verlauf 1.2: Bei Sportingbet-Gewinn würde Wettrunde 3 stattfinden:

Wettanbieter:	Sportingbet	freies Konto
Quote:	1,5	2,4
Einsatz:	100,00 €	62,50 €
bei Gewinn:	150,00 €	150,00 €

Schlussbilanz:

Guthaben:	500,00 €
Kosten:	433,00 € (100,00 €, 83,00 €, 187,50 €, 62,50 €)
Differenz:	67,00 €
Zielumsatz:	0,00 €

Verlauf 1.2: Egal, welche der beiden Wetten nun gewonnen wird, wir hätten einen Reingewinn von 67,00 € bei einem Gesamteinsatz von 433,00 €.

Verlauf 2: In Wettrunde 1 wurde die bet-at-home-Wette gewonnen, weiter mit gleichmäßigem Freispielen.

Wettrunde 2:

Wettanbieter:	bet-at-home	freies Konto
Quote:	2,0	1,7
Einsatz:	298,80 €	351,53 €
bei Gewinn:	597,60 €	597,60 €

Bilanz nach Stattfinden:

Guthaben:	597,50 €
Kosten:	534,53 € (100,00 €, 83,00 €, 351,53 €)
Differenz:	62,97 €
Zielumsatz:	74,70 € bei bet-at-home-Gewinn, 0,00 € sonst

Verlauf 2.1: Würde die Wette auf dem freien Konto gewonnen werden, hätten wir einen Reingewinn von 62,97 € bei einem Einsatz von 534,53 €.

Verlauf 2.2: Nach bet-at-home-Gewinn würde noch Wettrunde 3 stattfinden:

Wettanbieter:	bet-at-home	freies Konto
Quote:	2,0	1,7
Einsatz:	74,70 €	87,88 €
bei Gewinn:	149,40 €	149,40 €

Schlussbilanz:

Guthaben:	672,20 €
Kosten:	622,41 € (100,00 €, 83,00 €, 351,53 €, 87,88 €)
Differenz:	49,79 €
Zielumsatz:	0,00 €

Verlauf 2.2: Wir hätten also in diesem Fall einen Reingewinn von 49,79 € bei einem Einsatz von 622,41 €.

Hier noch einmal alle Ergebnisse für das gleichmäßige Freispielen zusammengestellt:

Verlauf:	Verlauf 1.1	Verlauf 1.2	Verlauf 2.1	Verlauf 2.2
Reingewinn:	79,50 €	67,00 €	62,97 €	49,79 €
Gesamteinsatz:	370,50 €	433,00 €	534,53 €	622,41 €
Rendite:	21,46%	15,47%	11,78%	8,00%

Alle vier Ergebnisse können sich sehen lassen.

Nun will ich noch eine entsprechende Betrachtung für das schiefe Freispielen mittels eines freien Kontos anstellen. Als Mindestgewinn möchte ich 40,00 € ansetzen, weil das unter jedem der Gewinne aus der vorherigen Betrachtung liegt, aber trotzdem noch ein ganz guter Trostpreis wäre.

Verlauf 1: In Wettrunde 1 wurde die Sportingbet-Wette gewonnen, weiter mit schiefem Freispielen.

Bilanz bisher:

Guthaben:	300,00 €
Kosten:	183,00 € (100,00 € Sportingbet, 83,00 € bet-at-home)
Differenz:	117,00 €
Zielumsatz:	400,00 € (bei Sportingbet mit Mindestquote 1,5)

Wettrunde 2:

Wettanbieter:	Sportingbet	freies Konto
Quote:	1,5	2,4
Einsatz:	300,00 €	159,29 €
bei Gewinn:	450,00 €	382,30 €

Verlauf 1.1: Nach gewonnener Wette auf dem freien Konto:

Guthaben:	382,30 €
Kosten:	342,29 € (100,00 €, 83,00 €, 159,29 €)
Differenz:	40,01 €
Zielumsatz:	0,00 €

Wir hätten einen Reingewinn von 40,01 € bei einem Gesamteinsatz von 342,29 €.

Verlauf 1.2: Nach gewonnener Sportingbet-Wette:

Guthaben:	450,00 €
Kosten:	342,29 € (100,00 €, 83,00 €, 159,29 €)
Differenz:	107,71 €
Zielumsatz:	100,00 € bei Sportingbet mit Mindestquote 1,5

Wettrunde 3: Mit gleichmäßiger Kalkulation der Wetteinsätze, da nach dieser Runde alles auszahlbar ist.

Wettanbieter:	Sportingbet	freies Konto
Quote:	1,5	2,4
Einsatz:	100,00 €	62,50 €
bei Gewinn:	150,00 €	150,00 €

Schlussbilanz: (egal, welche Wette gewonnen wird)

Guthaben:	500,00 €
Kosten:	404,79 € (100,00 €, 83,00 €, 159,29 €, 62,50 €)
Differenz:	95,21 €
Zielumsatz:	0,00 €

Wir hätten einen Reingewinn von 95,21 € bei einem Gesamteinsatz von 404,79 €.

Verlauf 2: In Wettrunde 1 wurde die bet-at-home-Wette gewonnen, weiter mit schiefem Freispielen.

Bilanz bisher:

Guthaben:	298,80 €
Kosten:	183,00 € (100,00 €, 83,00 €)
Differenz:	115,80 €
Zielumsatz:	373,50 € bei bet-at-home mit Mindestquote 2,0

Wettrunde 2:

Wettanbieter:	bet-at-home	freies Konto
Quote:	2,0	1,7
Einsatz:	298,80 €	318,57 €
bei Gewinn:	597,60 €	541,57 €

Verlauf 2.1: Nach gewonnener Wette auf dem freien Konto

Guthaben:	541,57 €
Kosten:	501,57 € (100,00 €, 83,00 €, 318,57 €)
Differenz:	40,00 €
Zielumsatz:	0,00 €

Wir hätten einen Reingewinn von 40,00 € bei einem Gesamteinsatz von 501,57 €.

Verlauf 2.2: Nach gewonnener bet-at-home-Wette

Guthaben:	597,60 €
Kosten:	501,57 € (100,00 €, 83,00 €, 318,57 €)
Differenz:	96,03 €
Zielumsatz:	74,70 € bei bet-at-home mit Mindestquote 2,0

Wettrunde 3: Mit gleichmäßiger Kalkulation der Wetteinsätze, da nach dieser Runde alles auszahlbar ist.

Wettanbieter:	bet-at-home	freies Konto
Quote:	2,0	1,7
Einsatz:	74,70 €	87,88 €
bei Gewinn:	149,40 €	149,40 €

Schlussbilanz: (egal, welche Wette gewonnen wird)

Guthaben:	672,30 €
Kosten:	589,45 € (100,00 €, 83,00 €, 318,57 €, 87,88 €)
Differenz:	82,85 €
Zielumsatz:	0,00 €

Wir hätten einen Reingewinn von 82,85 € bei einem Gesamteinsatz von 589,45 €.

Stellen wir nun noch einmal alle Ergebnisse für das schiefe Freispielen zusammen:

Verlauf:	Verlauf 1.1	Verlauf 1.2	Verlauf 2.1	Verlauf 2.2
Reingewinn:	40,01 €	95,21 €	40,00 €	82,85 €
Gesamteinsatz:	342,29 €	404,79 €	501,57 €	589,45 €
Rendite:	11,69%	23,52%	7,97%	14,06%

Auch diese Ergebnisse können sich sehen lassen.

Fazit: Ein allein wenig lukrativer Bonus kann in Kombination mit einem anderen, besseren, zu recht guten Ergebnissen führen.

Nun stellt sich jedoch die Frage, ob man durch die alleinige Verwendung des lukrativeren Sportingbet-Bonus zu besseren Ergebnissen gekommen wäre. Dieser Frage will ich durch den Vergleich mit dem nächsten Beispiel nachgehen.

<u>Beispiel 6</u>

Freispielen des Sportingbet-Bonus aus Beispiel 5 ohne den bet-at-home-Bonus, nur unter Zuhilfenahme eines freien Kontos. Ich verwende aufgrund der vorgegebenen Mindestquote bei Sportingbet eine Quotenkombination von 1,50 zu 2,40.

Ich beginne mit der Betrachtung zum gleichmäßigen Freispielen.

Anfangsbilanz:

Guthaben:	200,00 €
Kosten:	100,00 €
Differenz:	100,00 €
Zielumsatz:	600,00 € bei Sportingbet mit Mindestquote 1,5

Wettrunde 1:

Wettanbieter:	Sportingbet	freies Konto
Quote:	1,5	2,4
Einsatz:	200,00 €	125,00 €
bei Gewinn:	300,00 €	300,00 €

Danach haben wir folgende Bilanz:

Guthaben:	300,00 €
Kosten:	225,00 € (100,00 €, 125,00 €)
Differenz:	75,00 €
Zielumsatz:	400,00 € bei Sportingbet-Gewinn, 0,00 € sonst

Verlauf 1: Wette auf dem freien Konto wird gewonnen.

Dann haben wir einen Reingewinn von 75,00 € bei einem Gesamteinsatz von 225,00 €.

Verlauf 2: Wette auf dem Sportingbet-Konto wird gewonnen.

Wettrunde 2 wird durchgeführt:

Wettanbieter:	Sportingbet	freies Konto
Quote:	1,5	2,4
Einsatz:	300,00 €	187,50 €
bei Gewinn:	450,00 €	450,00 €

Bilanz danach:

Guthaben:	450,00 €
Kosten:	412,50 € (100,00 €, 125,00 €, 187,50 €)
Differenz:	37,50 €
Zielumsatz:	100,00 € bei Sportingbet-Gewinn, 0,00 € sonst

Verlauf 2.1: Wette auf dem freien Konto wird gewonnen.

Damit wäre unser Reingewinn 37,50 € bei einem Gesamteinsatz von 412,50 €.

Verlauf 2.2: Die Wette auf dem Sportingbet-Konto wird gewonnen.

Damit ist noch eine letzte Wettrunde 3 zu spielen:

Wettanbieter:	Sportingbet	freies Konto
Quote:	1,5	2,4
Einsatz:	100,00 €	62,50 €
bei Gewinn:	150,00 €	150,00 €

Bilanz danach, egal welche Wette gewonnen wird:

Guthaben:	500,00 €
Kosten:	475,00 € (100,00 €, 125,00 €, 187,50 €, 62,50 €)
Differenz:	25,00 €
Zielumsatz:	0,00 €

Bei Verlauf 2.2 wäre also unser Reingewinn 25,00 € bei einem Gesamteinsatz von 475,00 €.

Fassen wir nun wieder alle Ergebnisse für das gleichmäßige Freispielen zusammen:

Verlauf:	Verlauf 1.1	Verlauf 2.1	Verlauf 2.2
Reingewinn:	75,00 €	37,50 €	25,00 €
Gesamteinsatz:	225,00 €	412,50 €	475,00 €
Rendite:	33,33%	9,09%	5,26%

Abschließend wollen wir noch das schiefe Freispielen dieses Bonus betrachten. Nachdem wir nun die Gewinnmöglichkeiten beim gleichmäßigen Freispielen kennen, wollen wir den Mindestgewinn mit 20,00 € ansetzen.

Die Anfangsbilanz ist wieder:

Guthaben:	200,00 €
Kosten:	100,00 €
Differenz:	100,00 €
Zielumsatz:	600,00 € bei Sportingbet mit Mindestquote 1,5

Wettrunde 1:

Wettanbieter:	Sportingbet	freies Konto
Quote:	1,5	2,4
Einsatz:	200,00 €	85,71 €
bei Gewinn:	300,00 €	205,70 €

Verlauf 1: Wette auf dem freien Konto wird gewonnen.

Guthaben:	205,70 €
Kosten:	185,71 € (100,00 €, 85,71 €)
Differenz:	19,99 €
Zielumsatz:	0,00 €

Der Reingewinn beträgt 19,99 € bei einem Gesamteinsatz von 185,71 €.

Verlauf 2: Die Wette auf dem Sportingbet-Konto wird gewonnen.

Guthaben:	300,00 €
Kosten:	185,71 € (100,00 €, 85,71 €)
Differenz:	114,29 €
Zielumsatz:	400,00 € bei Sportingbet mit Mindestquote 1,5

Wettrunde 2:

Wettanbieter:	Sportingbet	freies Konto
Quote:	1,5	2,4
Einsatz:	300,00 €	146,94 €
bei Gewinn:	450,00 €	352,66 €

Verlauf 2.1: Die Wette auf dem freien Konto wird gewonnen.

Guthaben:	352,66 €
Kosten:	332,65 € (100,00 €, 85,71 €, 146,94 €)
Differenz:	20,01 €
Zielumsatz:	0,00 €

Der Reingewinn beträgt damit 20,01 € bei einem Gesamteinsatz von 332,65 €.

Verlauf 2.2: Die Wette auf dem Sportingbet-Konto wird gewonnen.

Guthaben:	450,00 €
Kosten:	332,65 € (100,00 €, 85,71 €, 146,94 €)
Differenz:	117,35 €
Zielumsatz:	100,00 € bei Sportingbet mit Mindestquote 1,5

Wettrunde 3 ist auf jeden Fall die letzte, also wird hier wieder gleichmäßig kalkuliert.

Wettanbieter:	Sportingbet	freies Konto
Quote:	1,5	2,4
Einsatz:	100,00 €	62,50 €
bei Gewinn:	150,00 €	150,00 €

Bilanz danach, egal welche Wette gewonnen wird:

Guthaben:	500,00 €
Kosten:	395,15 € (100,00 €, 85,71 €, 146,94 €, 62,50 €)
Differenz:	104,85 €
Zielumsatz:	0,00 €

Bei Verlauf 2.2 kommt also ein Reingewinn von 104,85 € bei einem Gesamteinsatz von 395,15 € heraus.

Fassen wir alle Ergebnisse für das schiefe Freispielen zusammen:

Verlauf:	Verlauf 1.1	Verlauf 2.1	Verlauf 2.2
Reingewinn:	19,99 €	20,01 €	104,85 €
Gesamteinsatz:	185,71 €	332,65 €	395,15 €
Rendite:	10,76%	6,02%	26,53%

Um die vor diesem Beispiel gestellte Frage zu beantworten, ob die alleinige Verwendung des Sportingbet-Bonus wie im Beispiel 6 beschrieben vielleicht zu besseren Ergebnissen führen würde als die im Beispiel 5 betrachtete Kombination des schlechteren bet-at-home-Bonus mit dem Sportingbet-Bonus, stelle ich noch einmal alle Ergebnisse untereinander dar.

Kombination von Sportingbet- und bet-at-home-Bonus mit anschließendem gleichmäßigen Freispielen:

Verlauf:	Verlauf 1.1	Verlauf 1.2	Verlauf 2.1	Verlauf 2.2
Reingewinn:	79,50 €	67,00 €	62,97 €	49,79 €
Gesamteinsatz:	370,50 €	433,00 €	534,53 €	622,41 €
Rendite:	21,46%	15,47%	11,78%	8,00%

Kombination von Sportingbet- und bet-at-home-Bonus mit anschließendem schiefen Freispielen:

Verlauf:	Verlauf 1.1	Verlauf 1.2	Verlauf 2.1	Verlauf 2.2
Reingewinn:	40,01 €	95,21 €	40,00 €	82,85 €
Gesamteinsatz:	342,29 €	404,79 €	501,57 €	589,45 €
Rendite:	11,69%	23,52%	7,97%	14,06%

Sportingbet-Bonus mit gleichmäßigem Freispielen:

Verlauf:	Verlauf 1.1	Verlauf 2.1	Verlauf 2.2
Reingewinn:	75,00 €	37,50 €	25,00 €
Gesamteinsatz:	225,00 €	412,50 €	475,00 €
Rendite:	33,33%	9,09%	5,26%

Sportingbet-Bonus mit schiefem Freispielen:

Verlauf:	Verlauf 1.1	Verlauf 2.1	Verlauf 2.2
Reingewinn:	19,99 €	20,01 €	104,85 €
Gesamteinsatz:	185,71 €	332,65 €	395,15 €
Rendite:	10,76%	6,02%	26,53%

Antwort: Es macht durchaus Sinn, den Sportingbet-Bonus zunächst
mit dem bet-at-home-Bonus zu kombinieren.

Damit will ich den Abschnitt über diese Art des Bonus beenden, bei
dem gleich nach der Einzahlung der Bonusbetrag gutgeschrieben
wird, aber dann alles durch Erfüllung von Umsatzbedingungen freigespielt werden muss. Meistens trifft man diese Bonusart als Neukundenbonus oder als sogenannten „Welcome-Back"-Bonus nach
längerer Inaktivität an.

Gutschrift nach Erfüllung von Umsatzbedingungen

Seit kurzem bietet zum Beispiel Interwetten diese Art von Bonus an, und zwar für Neukunden und danach ab und zu für Bestandskunden, wobei sich die Bedingungen jedoch voneinander unterscheiden.

Beispiel 7

Hier will ich den Neukundenbonus von Interwetten betrachten. Die Bedingungen sind folgende (Stand Juni 2011):

Auf die erste Einzahlung erhält man einen Bonus von 100 %, jedoch maximal 100,00 €. Den Bonusbetrag bekommt man aber erst, wenn man die Einzahlung fünfmal in Sportwetten mit einer Mindestquote von 1,5 eingesetzt hat. (Hat man mehr als 100,00 € eingezahlt, muss man auch nur 500,00 € umsetzen.) Man darf dabei nicht auf mehrere Ausgänge eines Sportereignisses gleichzeitig wetten. Man hat 30 Tage Zeit. Das Freispielen des Bonus erfolgt in fünf Schritten zu je 100,00 € Wetteinsatz. Nach jedem Schritt werden 20,00 € Bonus gutgeschrieben. Diesen Betrag kann man sich nach Gutschrift sofort auszahlen lassen.

Wie hoch man den Einsatz der einzelnen Wetten wählt, ist egal. Wenn man Einsätze von insgesamt 100,00 € geleistet hat, werden die ersten 20,00 € gutgeschrieben usw. Man darf auch pro Wette mehr als 100,00 € setzen und damit gleich mehrere Schritte freispielen. Dabei ist es auch egal, ob man die Wetten gewonnen oder verloren hat. Wenn man Pech hat, ist des Konto leergespielt, bevor man den gesamten Bonus erhalten hat.

Ich möchte in diesem Abschnitt untersuchen, ob und wie viel Gewinn man mit Hilfe eines freien Kontos aus diesem Bonusangebot erwirtschaften kann. Es wird dazu wieder eine Quotenkombination von 1,50 zu 2,40 benutzt.

Betrachten wir die Methode des gleichmäßigen Freispielens.

Anfangsbilanz:

Guthaben:	100,00 €
Kosten:	100,00 €
Differenz:	0,00 €
Zielumsatz gesamt:	500,00 €
Zielumsatz nächster Schritt:	100,00 €

Wettrunde 1:

Wettanbieter:	Interwetten	freies Konto
Quote:	1,5	2,4
Einsatz:	100,00 €	62,50 €
bei Gewinn:	150,00 €	150,00 €

Wir müssen also für die Wettrunde 1 den Betrag von 62,50 € auf ein freies Konto einzahlen. Damit haben wir also noch vor der ersten Wettrunde folgende Bilanz:

Guthaben:	162,50 €
Kosten:	162,50 €
Differenz:	0,00 €
Zielumsatz gesamt:	500,00 €
Zielumsatz nächster Schritt:	100,00 €

Nun setzen wir die Wetten wie geplant. Durch den Einsatz von 100,00 € bei Interwetten erhalten wir die ersten 20,00 € Bonus gutge-schrieben. Von unseren Wetteinsätzen von insgesamt 162,50 € erhal-ten wir, egal wie es ausgeht, 150,00 € zurück. Wir verlieren also mit der ersten Wettrunde 12,50 €. Insgesamt sind wir also nach der ersten Wettrunde 7,50 € im Plus.

So sieht die Bilanz nach dem Stattfinden des Sportereignisses aus:

Guthaben:	170,00 €
Kosten:	162,50 €
Differenz:	7,50 €
Zielumsatz gesamt:	400,00 €
Zielumsatz nächster Schritt:	100,00 €

Im Fall, dass wir in der Wettrunde 1 die Wette auf dem freien Konto gewinnen, hätten wir auf dem Interwetten-Konto nun ein Guthaben von 20,00 € aus der ersten Bonuszahlung und auf dem freien Konto ein Guthaben von 150,00 €. Beides könnten wir auszahlen lassen und die Sache mit einem Gewinn von 7,50 € beenden. Aber warum sollten wir das tun? Wir könnten nach neuen Einzahlungen weiterspielen und würden nach jeder Runde einen zusätzlichen Gewinn von 7,50 € haben. Insgesamt würden wir also auf einen Gesamtgewinn von

$$5 \cdot 7,50 \, € = 37,50 \, €$$

kommen.

Wir hätten auch gleich am Anfang statt 100,00 € auf das Interwetten-Konto 500,00 € einzahlen können und auf das freie Konto

$$5 \cdot 62,50 \, € = 312,50 \, €$$

Dann könnten wir den gesamten Bonus von 100,00 € mit folgenden Wetteinätzen in nur einer Wettrunde freispielen:

Wettanbieter:	Interwetten	freies Konto
Quote:	1,5	2,4
Einsatz:	500,00 €	312,50 €
bei Gewinn:	750,00 €	750,00 €

Die Bilanz würde dann nach nur einer Wette wie folgt aussehen:

Guthaben:	850,00 € (750,00 € + 100,00 €)
Kosten:	812,50 € (500,00 € + 312,50 €)
Differenz:	37,50 €
Zielumsatz gesamt:	0,00 €

Auch so hätten wir also einen Gewinn von insgesamt 37,50 €. Die letzte Methode ist trotzdem nicht zu empfehlen, weil bei so hohen Einzeleinsätzen die Gefahr besteht, dass die Wette auf der einen Seite nicht oder nur zum Teil angenommen wird, wie schon zuvor erwähnt. (Siehe Beispiel 4.)

Trotzdem könnte man aber gleich 500,00 € bzw. 312,50 € auf die beiden Konten einzahlen und dann in mehreren Schritten den Bonus freispielen. Auch dann würden bei Verwendung von Wetten mit den im Beispiel angegebenen Quoten insgesamt 37,50 € Gewinn herauskommen. Ich bevorzuge allerdings die Variante, nur so viel auf die Wettkonten einzuzahlen wie nötig. Also würde ich wie oben beschrieben mit 100,00 € auf dem Interwetten-Konto beginnen, mir eine geeignete Wettkombination für das Interwetten- und ein freies Konto aussuchen. Das freie Konto muss die Möglichkeit einer sofort wirkenden gebührenfreien Einzahlungsmethode haben, z. B. gebührenfreie Einzahlung per VISA. Nach Einzahlung des passenden Gegenbetrages die Wetten platzieren, und je nachdem, wie es ausgeht, mit weiteren Zahlungen bzw. Wetten fortfahren.

Ich will einmal einen Beispiellauf mit realen Wetten darstellen. Nehmen wir also an, wir hätten 100,00 € auf das Interwetten-Konto eingezahlt und benutzen als freies Konto bet365, da hier eine Einzahlung per VISA-Karte keine Gebühren kostet. Wir werden versuchen, bessere Quotenkombinationen als 1,50 – 2,40 zu finden, um einen höheren Gewinn zu erzielen. Allerdings wollen wir nicht vergessen, dass wir nur 30 Tage Zeit haben, um die Bonusbedingungen zu erfüllen.

Es ist der 29.06.2011 21:30. Eine geeignete Wette habe ich beim Baseball gefunden. Und zwar in der MLB:

01.07.2011	St. Louis Cardinals	Baltimore Orioles
Interwetten:	1,55	2,25
bet365:	1,55	2,65

Wir setzen also bei Interwetten auf die St. Louis Cardinals und bei bet365 auf die Baltimore Orioles. Nun müssen wir uns noch die zu setzenden Beträge überlegen. Auf dem Interwetten-Konto wollen wir 100,00 € setzen. Hier würden wir also bei Gewinn der Wette

$$100,00 \,€ \cdot 1,55 = 155,00 \,€$$

zurückbekommen. Also müssen wir bei bet365 einen Betrag von

$$155,00 \,€ : 2,65 = 58,49 \,€$$

dagegensetzen, um bei Gewinn dieser Wette den gleichen Betrag zurückzuerhalten. Also zahlen wir auf das bet365-Konto 58,49 € ein und platzieren die Wetten wie geplant.

Wettanbieter:	Interwetten	bet365
01.07.2011	St. Louis Cardinals	Baltimore Orioles
Quote:	1,55	2,65
Einsatz:	100,00 €	58,49 €
bei Gewinn:	155,00 €	155,00 €

Damit haben wir schon den ersten Bonusschritt erfüllt und bekommen die ersten 20,00 € auf dem Interwetten-Konto gutgeschrieben.

Unsere Bilanz vor dem Sportereignis:

Wettanbieter:		Interwetten	bet365
Guthaben:	20,00 €	20,00 €	0,00 €
Wetteinsätze:	158,49 €	100,00 €	58,49 €
gesamt:	178,49 €		
Kosten:	158,49 €	100,00 €	58,49 €
Differenz:	20,00 €		
Zielumsatz gesamt:		400,00 €	
Zielumsatz nächster Schritt:		100,00 €	

Die wirklich verwendete Quotenkombination ist besser als die in unseren theoretischen Vorbetrachtungen verwendete. Da wir auf jeden Fall 155,00 € zurückbekommen, verlieren wir in der ersten Wettrunde nur 3,49 €. Wir bekommen dafür aber 20,00 € Bonus. Also werden wir nach dem Stattfinden des Spiels und dem Auswerten der Wetten

$$20,00 € - 3,49 € = 16,51 €$$

im Plus liegen.

Heute ist der 01.07.2011. Das Spiel hat stattgefunden, die St. Louis Cardinals haben gewonnen. Auf dem Interwetten-Konto erhalten wir nun 155,00 € zurück und haben dort zusätzlich ein Guthaben von 20,00 € aus der ersten Bonuszahlung. Die Bilanz nach dem Sportereignis sieht so aus:

Wettanbieter:		Interwetten	bet365
Guthaben:	175,00 €	175,00 €	0,00 €
Wetteinsätze:	0,00 €	0,00 €	0,00 €
gesamt:	175,00 €		
Kosten:	158,49 €	100,00 €	58,49 €
Differenz:	16,51 €		
Zielumsatz gesamt:		400,00 €	
Zielumsatz nächster Schritt:		100,00 €	

Suchen wir uns nun also ein geeignetes Sportereignis für die nächste Wettrunde aus. Es ist der 01.07.2011 16:30. Heute Abend finden in der Irland Premier Division vielversprechende Fußballspiele statt. Geeignet scheint mir Galway United – UC Dublin. Suchen wir uns also die Quoten bei Interwetten und die bei bet365 heraus:

01.07.2011	Galway United	Unentsch.	UC Dublin
Interwetten:	4,80	3,50	1,55
bet365:	6,50	4,50	1,44

Wir würden also bei Interwetten auf UC Dublin und bei bet365 sowohl auf Galway United als auch auf Unentschieden setzen. Rechnen wir die Gesamtquote für die beiden bet365-Wetten aus:

$$Q_{gesamt} = \frac{1}{\frac{1}{6,50} + \frac{1}{4,50}} = 2,66$$

Vergleichen wir das mit der bei bet365 angebotenen Doppelte-Chance-Wette für diese beiden Ausgänge. Diese ist mit 2,62 niedriger, als wenn wir das selbst mit zwei Einzelwetten abbilden. Also verwenden wir die Einzelwetten.

Wir können nun das gesamte Guthaben des Interwetten-Kontos verwenden. Es ist zwar ein recht hoher Wetteinsatz, aber erfahrungsgemäß wird eine Wette in dieser Höhe bei Interwetten angenommen. Die Gegenwetten fallen aufgrund der höheren Quoten geringer aus und sollten damit auch kein Problem sein.

Rechnen wir also aus, welchen Betrag wir auf das bet365-Konto einzahlen müssen, und wie wir diesen Betrag auf die beiden Einzelwetten aufteilen. Wenn wir also auf dem Interwetten-Konto 175,00 € auf UC Dublin setzen, erhalten wir dafür bei einer Quote von 1,55 einen Betrag von

$$175,00 \, € \cdot 1,55 = 271,25 \, €$$

zurück. Um den gleichen Betrag bei einem Unentschieden zurückzuerhalten, müssen wir bei einer Quote von 4,50 auf dem bet365-Konto

$$271,25 \, € : 4,50 = 60,28 \, €$$

setzen. Der Einsatz für den Sieg von Galway United bei einer Quote von 6,50 ist

$$271,25 \, € : 6,50 = 41,73 \, €$$

Wir zahlen also

$$60,28 \, € + 41,73 \, € = 102,01 \, €$$

auf das bet365-Konto ein und setzen folgende Wetten:

Wettanbieter:	bet365	bet365	Interwetten
01.07.2011	Galway United	Unentsch.	UC Dublin
Quote:	6,50	4,50	1,55
Einsatz:	41,73 €	60,28 €	175,00 €
bei Gewinn:	271,25 €	271,26 €	271,25 €

Egal, wie es ausgeht, wir bekommen etwa 271,25 € zurück. (Cent-Abweichungen sind normal, da der Cent die kleinste Einheit ist.)

Damit haben wir nun schon den zweiten Bonusschritt erfüllt und bekommen weitere 20,00 € auf dem Interwetten-Konto gutgeschrieben. Da wir in dieser Runde nicht nur 100,00 €, sondern sogar 175,00 € bei Interwetten gesetzt haben, zählen die zusätzlich gesetzten 75,00 € bereits für den nächsten, also dritten Bonusschritt, sodass dafür nur noch 25,00 € Wettumsatz offen sind.

Sehen wir uns nun wieder die Bilanz vor dem Sportereignis an:

Wettanbieter:		Interwetten	bet365
Guthaben:	20,00 €	20,00 €	0,00 €
Wetteinsätze:	277,01 €	175,00 €	102,01 €
gesamt:	297,01 €		
Kosten:	260,50 €	100,00 €	160,50 €
Differenz:	36,51 €		
Zielumsatz gesamt:		225,00 €	
Zielumsatz nächster Schritt:		25,00 €	

Wieder haben wir eine bessere Quotenkombination als die in den Vorbetrachtungen verwendete gefunden. Nach dem Spiel werden wir zwar wieder ein paar Euro verloren haben, aber unter dem Strich wird unser Gewinn wieder gewachsen sein. Warten wir nun also auf den Ausgang des Spiels.

Das Spiel ist vorbei, es ist 3:4 ausgegangen, also hat UC Dublin gewonnen, womit die Wette bei Interwetten gewonnen ist, die anderen bei bet365 sind verloren. Fassen wir wieder zusammen:

Wettanbieter:		Interwetten	bet365
Guthaben:	291,25 €	291,25 €	0,00 €
Wetteinsätze:	0,00 €	0,00 €	0,00 €
gesamt:	291,25 €		
Kosten:	260,50 €	100,00 €	160,50 €
Differenz:	30,75 €		
Zielumsatz gesamt:		225,00 €	
Zielumsatz nächster Schritt:		25,00 €	

Suchen wir also wieder ein passendes Sportereignis. Es ist der 02.07.2011 12:00. Heute Nachmittag findet in Norwegens Eliteserie im Fußball die Begegnung Válerenga Oslo gegen Strömsgodset IF statt. Dafür gibt es die folgenden Quoten:

02.07.2011	Válerenga Oslo	Unentsch.	Strömsgodset
Interwetten:	1,65	3,30	4,40
bet365:	1,57	4,00	5,50

Wir verwenden also die Interwetten-Quote für eine Wette auf Válerenga und die bet365-Quoten für die Gegenwetten auf Unentschieden bzw. Strömsgodset. Wir könnten nun die gesamten noch ausstehenden 225,00 € Rest-Zielumsatz bei Interwetten erbringen. Ich will aber etwas vorsichtiger herangehen und entscheide mich deshalb zunächst für einen Einsatz von 125,00 €. Rechnen wir nun wieder in gewohnter Weise die anderen benötigten Einsätze aus. Bei einem Sieg von Válerenga bekommen wir für 125,00 € Einsatz auf dem Interwetten-Konto

$$125,00 \text{ €} \cdot 1,65 = 206,25 \text{ €}$$

zurück. Um den gleichen Betrag zurückzuerhalten, müssen wir auf bet365

$$206,25 \, \text{€} : 4,00 = 51,56 \, \text{€}$$

auf Unentschieden und

$$206,25 \, \text{€} : 5,50 = 37,50 \, \text{€}$$

auf Strömsgodset setzen. Also zahlen wir nun

$$51,56 \, \text{€} + 37,50 \, \text{€} = 89,06 \, \text{€}$$

auf das bet365-Konto ein und setzen unsere Wetten:

Wettanbieter:	Interwetten	bet365	bet365
02.07.2011	Válerenga Oslo	Unentsch.	Strömsgodset
Quote:	1,65	4,00	5,50
Einsatz:	125,00 €	51,56 €	37,50 €
bei Gewinn:	206,25 €	206,24 €	206,25

Wir bekommen für den Wetteinsatz von 125,00 € auf dem Interwetten-Konto sofort 40,00 € Bonus gutgeschrieben, denn für den nächsten Bonusschritt waren noch 25,00 € nötig, die weiteren 100,00 € Einsatz erfüllen schon die Bedingungen für den übernächsten Bonusschritt, also noch einmal 20,00 €.

Schauen wir uns nun wieder, wie wir es schon kennen, die Bilanz vor dem Sportereignis an:

Wettanbieter:		Interwetten	bet365
Guthaben:	206,25 €	206,25 €	0,00 €
Wetteinsätze:	214,06 €	125,00 €	89,06 €
gesamt:	420,31 €		
Kosten:	349,56 €	100,00 €	249,56 €
Differenz:	70,75 €		
Zielumsatz gesamt:		100,00 €	
Zielumsatz nächster Schritt:		100,00 €	

Das Spiel ist nun vorbei, es ist Unentschieden (2:2) ausgegangen. Wir haben also die Unentschieden-Wette auf dem bet365-Konto gewonnen. Die Bilanz sieht nun so aus:

Wettanbieter:		Interwetten	bet365
Guthaben:	412,49 €	206,25 €	206,24 €
Wetteinsätze:	0,00 €	0,00 €	0,00 €
gesamt:	412,49 €		
Kosten:	349,56 €	100,00 €	249,56 €
Differenz:	62,93 €		
Zielumsatz gesamt:		100,00 €	
Zielumsatz nächster Schritt:		100,00 €	

Nun brauchen wir nur noch ein Sportereignis mit geeigneten Wettquoten zu finden, eine Wette mit 100,00 € Einsatz auf dem Interwetten-Konto zu setzen und passend auf dem bet365-Konto dagegen zu wetten, um die letzten 20,00 € Bonus zu erhalten und alles auszahlen lassen zu können. Diesmal brauchen wir kein zusätzliches Geld einzuzahlen, denn das Guthaben auf dem bet365-Konto wird ausreichen.

Schauen wir uns also wieder um. Es ist der 03.07.2011 16:15. Bleiben wir beim norwegischen Fußball. Heute Abend findet das Spiel Molde FK gegen Aalesunds FK statt. Die Quoten dafür sind:

03.07.2011	Molde FK	Unentsch.	Aalesunds FK
Interwetten:	1,65	3,40	4,20
bet365:	1,61	4,00	5,00

Wir setzen also bei Interwetten 100,00 € auf den Sieg von Molde FK. Dafür bekommen wir bei Gewinn

$$100,00 € \cdot 1,65 = 165,00 €$$

zurück. Also müssen wir bei bet365

$$165,00 € : 4,00 = 41,25 €$$

auf Unentschieden und

$$165,00 € : 5,00 = 33,00 €$$

auf Aalesunds FK setzen. Eine Einzahlung brauchen wir dafür nicht vorzunehmen, das Guthaben bei bet365 reicht dafür aus. Wir setzen also wie folgt:

Wettanbieter:	Interwetten	bet365	bet365
03.07.2011	Molde FK	Unentsch.	Aalesunds FK
Quote:	1,65	4,00	5,00
Einsatz:	100,00 €	41,25 €	33,00 €
bei Gewinn:	165,00 €	165,00 €	165,00 €

Wir bekommen nun die letzten 20,00 € Bonus auf dem Interwetten-Konto gutgeschrieben.

Die Bilanz vor dem Spiel:

Wettanbieter:		Interwetten	bet365
Guthaben:	258,24 €	126,25 €	131,99 €
Wetteinsätze:	174,25 €	100,00 €	74,25 €
gesamt:	432,49 €		
Kosten:	349,56 €	100,00 €	249,56 €
Differenz:	82,93 €		
Zielumsatz gesamt:		0,00 €	

Was wir jetzt schon wieder wissen: Egal, wie es ausgeht, nach dem Spiel werden wir von den letzten Wetteinsätzen von 174,25 € einen Betrag von 165,00 € zurückerhalten, also durch die Wetten ein kleines Minus von 9,25 € zu verbuchen haben. Damit wird ein Gesamtgewinn von

$$82,93 € - 9,25 = 73,68 €$$

bleiben.

Nun ist das Spiel vorbei. Molde FK hat gewonnen (5:2). Damit haben wir nun folgende Schlussbilanz:

Wettanbieter:		Interwetten	bet365
Guthaben:	423,24 €	291,25 €	131,99 €
Wetteinsätze:	0,00 €	0,00 €	0,00 €
gesamt:	423,24 €		
Kosten:	349,56 €	100,00 €	249,56 €
Differenz:	73,68 €		
Zielumsatz gesamt:		0,00 €	

Wir lassen uns nun die beiden Guthaben auszahlen und haben innerhalb weniger Tage unter Einsatz von insgesamt 349,56 € einen Gewinn von 73,68 € „erwirtschaftet". Das ist fast das Doppelte von unseren vorher grob kalkulierten 37,50 €, und zwar deshalb, weil wir bessere Quotenkombinationen als die angenommenen 1,50 – 2,40 gefunden haben. Prozentual ausgedrückt haben wir

$$73,68 \, € : 349,56 \, € = 0,2108 = 21,08 \, \%$$

Rendite erhalten – in nur wenigen Tagen.

Wir haben hier die Methode des gleichmäßigen Freispielens angewendet, die für diese Art von Bonus sehr geeignet ist. Wie sollten wir hier das schiefe Freispielen anwenden? Es würde nur dann Sinn machen, wenn wir durch den Gewinn einer bestimmten Seite einen Vorteil hätten, sodass man dafür bereit wäre, einen etwas kleineren Gewinn in Kauf zu nehmen. Da hier jedoch der Bonus erst nach der Erfüllung der Bonusbedingungen ausgezahlt wird, macht das keinen Sinn.

Wie sieht es aus, wenn diese Art von Bonus mit anderen „Parametern" angeboten wird?

Im Februar 2011 bot mir Interwetten einen 25%-Bonus bis zu einem Betrag von 100,00 € an. Die Umsatzbedingungen dafür waren, den Einzahlungsbetrag einmal in Sportwetten mit Mindestquote von 1,5 umzusetzen. Auch hier gab es den Bonus in fünf Schritten. Also auf eine Einzahlung von 400,00 € gab es 100,00 € Bonus. Nach Wetten in Höhe von insgesamt 400,00 € hatte ich den gesamten Bonusbetrag frei gespielt. Das waren pro Bonusschritt 80,00 €.

Vergleichen wir das mit dem Neukundenbonus von Interwetten. Siehe dazu auch Beispiel 7. Hier gab es auf eine Einzahlung von 100,00 € einen Bonus von 100 %, also 100,00 €, den man aber erst durch Einsätze in fünffacher Höhe der Einzahlung, also 500,00 € freigespielt hatte. Hier waren also für jeden der fünf Schritte Einsätze von 100,00 € nötig. Was lernen wir daraus? Man soll sich nicht von der angegebenen Prozentzahl täuschen lassen. Der 25%-Bonus auf eine Einzahlung von 400,00 € ist aufgrund des geringeren Zielumsatzes besser als der 100%-Bonus auf eine Einzahlung in Höhe von 100,00 €.

Ende März unterbreitete mir Interwetten folgendes Angebot: 25 % Bonus bis zu 100,00 €, also mit eingezahlten 400,00 € kann ich 100,00 € Bonus freispielen. Die Bedingung dafür war allerdings, dass der Einzahlungsbetrag zweimal in Wetten mit der Mindestquote von 1,5 eingesetzt werden musste. Also waren insgesamt 800,00 € Einsatz zu erbringen. Die Bonusgutschrift sollte wieder in fünf Schritten erfolgen, also jeweils nach

$$800,00 \, \text{€} : 5 = 160,00 \, \text{€}$$

Einsatz. Die Frage ist nun wieder: Lohnt dieser Bonus?

Gehen wir wieder von einer Quotenkombination von 1,50 – 2,40 aus und rechnen das einmal durch. Wir setzen insgesamt 800,00 € zu einer Quote von 1,50 bei Interwetten. Dabei ist es egal, ob alles auf einmal gesetzt wird oder in mehreren Schritten. (Siehe dazu die Betrachtungen zum Beispiel 7.) Zur Erfüllung jedes Bonusschrittes müssen wir bei Interwetten 160,00 € setzen. Bei Gewinn würden wir mit einer Quote von 1,5 jeweils einen Betrag von

$$160,00 \, \text{€} \cdot 1,5 = 240,00 \, \text{€}$$

zurückerhalten. Um den gleichen Betrag bei einer Quote von 2,4 zurückzubekommen, müssten wir jeweils

$$240,00 \, \text{€} : 2,4 = 100,00 \, \text{€}$$

auf einem freien Konto dagegensetzen. Wir würden also pro Bonusschritt für einen Gesamteinsatz von

$$160,00 \, \text{€} + 100,00 \, \text{€} = 260,00 \, \text{€}$$

hinterher 240,00 € zurückerhalten.Damit hätten wir einen Verlust von 20,00 €. Der Bonusanteil von 20,00 €, den es pro Schritt gibt, würde diesen Verlust geradeso ausgleichen und wir hätten dabei nichts gewonnen.

Fazit: Dieser Bonus allein lohnt nicht. Ich hatte das Angebot damals trotzdem angenommen, weil ich noch andere Bonusguthaben freizuspielen hatte, was sich in Kombination mit dem neuen Bonus doch wieder lohnte.

Es gilt also auch hier, was überall gilt: Immer gut überlegen und nachrechnen.

Gratiswetten, Freebets

Manche Anbieter schenken einem ab und zu eine Gratiswette. Man darf dabei einen bestimmten Betrag in einer beliebigen Sportwette einsetzen. Wenn man gewinnt, bekommt man allerdings nur den Reingewinn, d.h. der Einsatz wird wieder abgezogen. Auch der Gewinn-Betrag ist dann meistens nicht sofort auszahlbar, es müssen erst noch Umsatzbedingungen erfüllt werden, z. B. muss er einmal oder mehrmals in Sportwetten mit einer vorgegebenen Mindestquote eingesetzt werden.

Sofern man die Gratiswette wirklich geschenkt bekommt, also ohne vorher bestimmte Einzahlungen bzw. Wetten erbracht zu haben, kann man damit nicht viel falsch machen. Nehmen wir an, wir haben eine Gratiswette in Höhe von 5,00 € erhalten. Dann können wir uns eine Wette aussuchen, die eine nicht zu kleine Quote hat, deren Gewinn aber auch nicht zu unwahrscheinlich ist.

Beispiel 8

Sportingbet verschenkt ab und zu eine Gratiswette zu 5,00 €. Man darf diese einfach für irgendeine Sportwette einsetzen. Nehmen wir an, wir suchen uns zum Beispiel ein Tennis-Match, bei welchem der Nicht-Favorit eine Quote von etwa 3, aber durchaus die Chance hat, die Partie zu gewinnen, egal wie knapp. Gewinnt man diese Wette tatsächlich, würde man für einen Einsatz von 5,00 € normalerweise

$$5,00\,€ \cdot 3 = 15,00\,€$$

zurückerhalten. Bei einer Gratiswette wird der Einsatz, also 5,00 €
wieder abgezogen. Wir hätten dann also ein Guthaben von 10,00 €
auf dem Wettkonto. Für dieses gelten nun noch Umsatzbedingungen,
z. B. muss man es einmal zu einer Mindestquote von 1,5 einsetzen.
Das können wir nun einfach tun, ohne das mit einer Gegenwette auf
einem anderen Wettkonto abzusichern. Wenn die Wette verloren
geht, haben wir nichts verloren, denn es hat ja nichts gekostet.
Gewinnen wir unsere Wette mit der Quote von 1,5, haben wir danach
auszahlbare 15,00 €.

Bei größeren Gratiswetten wäre es schade, sie einfach so zu verplem-
pern. Da macht es schon Sinn, über ein Freispielen unter Zuhilfenahme eines weiteren Wettkontos nachzudenken, bzw. sie in
Kombination mit anderen Bonusangeboten zu verwenden.

Beispiel 9

Zum Geburtstag erhielt ich in diesem Jahr von Sportingbet eine Gratiswette über 25,00 €. Gleichzeitig schenkte mir bet-at-home einen
Wettgutschein über 10,00 €, und Interwetten unterbreitete mir ein
Bonusangebot über 50,00 % auf die nächste Einzahlung, maximal
100,00 €. Welche Bedingungen mussten nun jeweils erfüllt werden?

Bei Sportingbet erhielt ich nach dem Einloggen folgenden Hinweis:
Bei den Gratis-Wetten erhalten Sie nur Ihre Gewinne als Bonusgel-
der gutgeschrieben. Der ursprüngliche Einsatz wird nicht ausbezahlt.
Es gelten die allgemeinen Sportingbet-Bestimmungen.

Diese Bestimmungen besagten, dass der Gewinn aus der Gratiswette
als Bonusgeld gilt und vor einer Auszahlung dreimal innerhalb der
nächsten 3 Monate zu einer Mindestquote von 1,5 eingesetzt werden
muss.

Bei bet-at-home war die Bedingung angegeben, dass der Betrag insgesamt ebenfalls dreimal zu einer Mindestquote von 1,5 umzusetzen
ist, bevor eine Auszahlung erfolgen kann.

Der Interwetten-Bonus war so geartet, wie im vorigen Abschnitt beschrieben. Den Bonus sollte es erst nach dem Freispielen geben. Das erfolgte in fünf Schritten. Der Zielumsatz bestand aus dem Dreifachen des Einzahlungsbetrages. Als Mindestquote war ebenfalls 1,5 vorgegeben. Man hatte hier 30 Tage Zeit. Das gleichzeitige Wetten auf verschiedene Ausgänge derselben Wette war verboten.

Über die Gratiswette bei Sportingbet bzw. den Wettgutschein bei bet-at-home brauchte man sich hier keine Gedanken zu machen, da sie nichts kosteten. Lohnte der Interwetten-Bonus?

Rechnen wir es nach. Wir zahlen 200,00 € ein, müssen einen Wettumsatz von

$$3 \cdot 200,00 \, € = 600,00 \, €$$

zu einer Mindestquote von 1,5 erbringen, was in fünf Schritten erfolgt. Das bedeutet, nach jeweils einem Fünftel, also 120,00 € Wetteinsatz gibt es 20,00 € frei verfügbares Guthaben dazu. Lassen wir einmal die Gratiswette und den Wettgutschein außen vor und nehmen wir an, wir müssten zusätzliches Geld auf einem freien Konto zur Absicherung bei der Erfüllung der Bonusbedingungen aufwenden. Wie sieht es dann für jeden der Bonusschritte aus? Zur Grobkalkulation benutzen wir wieder unsere pessimistische Quotenkombination von 1,50 – 2,40. Wir würden also zum Freispielen jedes Bonusschrittes auf dem Interwetten-Konto 120,00 € zu einer Quote von 1,50 wetten, wofür wir im Gewinnfall

$$120,00 \, € \cdot 1,5 = 180,00 \, €$$

zurückbekämen. Um den gleichen Betrag bei der entsprechenden Gegenwette auf dem freien Konto zu erhalten, müssten wir dort bei einer Quote von 2,4 einen Einsatz von

$$180,00 \, € : 2,4 = 75,00 \, €$$

setzen. Wir würden also, egal wie es ausgeht, für einen Gesamteinsatz von

$$120,00 \, \text{€} + 75,00 \, \text{€} = 195,00 \, \text{€}$$

einen Betrag von 180,00 € zurückerhalten, was einen Verlust von 15,00 € bedeuten würde. Dafür bekämen wir 20,00 € dazu, wir hätten also pro Bonusschritt einen Reingewinn von 5,00 €, also wären das bei 5 Bonusschritten 25,00 € Gewinn.

Das war allerdings wieder eine ziemlich pessimistische Schätzung. Nun habe ich also den Bonus beansprucht und zunächst die Gratiswette von Sportingbet und den Wettgutschein von bet-at-home für die ersten Gegenwetten verwendet, was meinen Gesamtgewinn wiederum etwas ansteigen ließ.

Bei der Verwendung einer Gratiswette als Gegenwette zum Freispielen eines Bonus muss man beachten, dass man den Betrag nicht frei wählen kann, denn der ist vorgegeben, und dass man nicht mit der angegebenen Quote Q kalkuliert, sondern mit $Q-1$, da der Einsatz wieder abgezogen wird.

Sonstige kuriose Bonusangebote

Unter dieser Überschrift will ich zwei Beispiele beschreiben, die sich in keine Kategorie einordnen lassen. Die Anbieter von Sportwetten sind in dieser Richtung manchmal ziemlich erfinderisch.

Beispiel 10

Anfang März 2011 erhielt ich von mybet per E-Mail folgendes Angebot:

„Aktion der Woche: 5 € für jeden Treffer von Gómez!

Aktion der Woche!

In Dortmund mussten sich die Bayern vollends vom Titeltraum verabschieden. Jetzt ist Platz 2 in Angriff. Aber da müssen die Bayern erst mal an Hannover vorbei kommen und die sind gerade auf Erfolgskurs.

Beim 3:0 im Hinspiel gab's einen Dreierpack von Gómez. Deshalb erhalten Sie dieses Mal für jedes Tor von Gómez einen 5 €-Bonus! Und bei einem erneuten Dreierschlag sogar 20 €!"

Dann gab es noch einen Link mit weiteren Infos. Dort konnte man folgendes finden:

„Teilnahmebedingungen: Setzen Sie bei der Begegnung Hannover 96 – Bayern München am Samstag, 05.03.2011, 15.30 Uhr mindestens 10 € auf das exakte Ergebnis. Für jeden Treffer von Mario Gómez erhalten Sie, unabhängig vom Spielausgang, 5 € auf Ihr Konto. Sollte Gómez in der regulären Spielzeit 3 Tore erzielen, erhalten Sie 20 € auf Ihr Konto. Eigentore sind von der Aktion ausgenommen..."

Eine Wette auf das exakte Ergebnis eines Fußballspiels ist immer ziemlich riskant. Um das abzusichern, müsste man auf alle anderen denkbaren exakten Ergebnisse setzen. Ich habe mir nun den Spaß gemacht, und bei drei Wettanbietern, und zwar mybet, bet365 und Sportingbet jeweils die besten Quoten für Wetten auf das exakte Ergebnis dieser Begegnung herausgesucht. Dabei habe ich mich auf alle Ergebnisse beschränkt, bei denen jede der Mannschaften bis zu drei Tore schießt.

So sieht die Tabelle mit den jeweils besten Quoten besagter Anbieter aus:

Bayern Hannover	0	1	2	3
0	17	8,5	8,5	13
1	17	7,5	8,5	12
2	29	16	15	21
3	67	40	41	51

Von mybet, dem Anbieter des Bonus, stammten dabei die Quoten von 16 für das 2:1 bzw. von 40 für das 3:1.

Wir hätten also die 10 €-Wette auf das 2:1 bei mybet gesetzt. Nun können wir uns jeweils den benötigten Gegenbetrag für die anderen 15 Wetten ausrechnen, mit dem bei jedem Ausgang das gleiche Ergebnis erzielt worden wäre.

So sieht die Tabelle mit den benötigten Einsätzen aus:

Bayern Hannover	0	1	2	3
0	9,41 €	18,82 €	18,82 €	12,31 €
1	9,41 €	21,33 €	18,82 €	13,33 €
2	5,52 €	10,00 €	10,67 €	7,62 €
3	2,39 €	4,00 €	3,90 €	3,14 €

Das wäre ein Gesamteinsatz von 169,49 €, für den wir 160,00 € zurückbekämen, mit dem Restrisiko, dass eine Mannschaft mehr als drei Tore schießt, was einen Totalverlust bedeuten würde. Da müsste Mario Gómez dann schon genau drei Tore schießen, damit sich das lohnen würde. Allerdings wäre es immer noch eine Menge Arbeit, die 16 Wetten zu platzieren.

Welche Möglichkeit haben wir, weniger zu setzen, ohne das Risiko zu erhöhen? Wir setzen die 10,00 € bei mybet auf das exakte Ergebnis, das dort mit der kleinsten Quote angeboten wird. Für die restlichen Wetten verwenden wir die jeweils besten Quoten. Damit sind die benötigten Beträge für die Gegenwetten geringer.

Die Wette auf das exakte Ergebnis bei mybet mit der kleinsten Quote war die auf ein 0:1 mit einer Quote von 6.

Wir verwenden nun also für die zweite Einsatzberechnung die folgende Quotentabelle:

Bayern / Hannover	0	1	2	3
0	17	6	8,5	13
1	17	7,5	8,5	12
2	29	16	15	21
3	67	40	41	51

Wir würden also 10,00 € bei mybet auf das 0:1 setzen. Die Tabelle mit sämtlichen benötigten Einsätzen sieht damit wie folgt aus:

Bayern / Hannover	0	1	2	3
0	3,53 €	10,00 €	7,06 €	4,62 €
1	3,53 €	8,00 €	7,06 €	5,00 €
2	2,07 €	3,75 €	4,00 €	2,86 €
3	1,00 €	1,50 €	1,46 €	1,18 €

Eigentlich wäre der benötigte Einsatz für die Wette auf das 3:0 nur 0,90 €. Allerdings ist der Mindesteinsatz des Anbieters, von dem diese Quote stammt, 1,00 €. Deshalb ist dort 1,00 € angegeben.

Wir hätten nun also einen Gesamteinsatz von 66,62 €, für den wir 60,00 € zurückbekommen würden, sofern keine der beiden Mannschaften mehr als drei Tore schießt. Da müsste Gómez also zwei oder drei Tore schießen, damit noch ein Plus entsteht. Außerdem, wenn es 3:0 ausgehen würde, bekämen wir nicht 60,00 €, sondern 67,00 € zurück.

Eine weitere Idee zur Verbesserung unserer Chancen wäre es, nicht 16 Wetten auf das exakte Ergebnis abzugeben, sondern weniger Ergebniswetten zusammen mit einfachen Wetten auf Sieg oder Unentschieden zu verwenden.

Wir bleiben bei der Wette auf das exakte Ergebnis 0:1 bei mybet, geben die anderen Wetten aus der oben angegebenen Liste auf den Sieg von Bayern ab, also Ergebniswetten auf 0:2, 0:3, 1:2, 1:3 und 2:3. Weiterhin setzen wir einfache Wetten auf Unentschieden und auf den Sieg von Hannover. Die beste Quote unter den drei verwendeten Anbietern für Unentschieden ist 4, für den Sieg von Hannover ist es eine Quote von 5.

Wir verwenden also für die neue Betrachtung folgende Quoten:

Bayern Hannover	1	2	3
0	6	8,5	13
1		8,5	12
2			21
Unentschieden			4
Sieg Hannover			5

Bei einem Einsatz von 10,00 € bei mybet auf das 0:1 würden wir die folgenden zusätzlichen Einsätze benötigen:

Bayern Hannover	1	2	3
0	10,00 €	7,06 €	4,62 €
1		7,06 €	5,00 €
2			2,86 €
Unentschieden			15,00 €
Sieg Hannover			12,00 €

Hier hätten wir also einen Gesamteinsatz von 63,60 €, für den wir bei jedem Ergebnis, außer die Bayern gewinnen mit mehr als 3 Toren, 60,00 € zurückbekämen. Hier würde also bereits ein Tor von Gómez ausreichen, um im Plus zu sein. Ideal wären natürlich drei Tore von Gómez.

Besser könnten wir es kaum machen. Das Risiko des Totalverlustes bestünde aber noch, auch wenn wir es weiter verringert hätten. So ein Risiko könnte man eingehen, wenn man mit vorher gewonnenem Geld spielt.

Wie war es nun wirklich? Ich bin das Risiko nicht eingegangen, und das war auch gut so, denn Hannover hat 3:1 gewonnen. Das Tor der Bayern hat nicht Gómez, sondern Robben geschossen. Ich hätte also insgesamt 3,60 € verloren. Weiterhin wäre noch hinzugekommen, dass eine gebührenfreie Einzahlung bei mybet nicht mehr pünktlich angekommen wäre.

Beispiel 11

Ende Mai kam von Betsson das folgende Angebot:

„...der zweite Grand Slam des Jahres steht vor der Tür!

Und weil ein Turnier wie die French Open gefeiert werden muss, hast du die Chance, dir 20 € GRATIS zu sichern!

Gebe Live-Kombiwetten im Wert von mind. 100 € zwischen dem 22. Mai und 5. Juni ab - inklusive mindestens einer ATP oder WTA Wette - und du erhältst von uns 20 € GRATIS auf dein Sportwetten-Konto!"

Weitere Bedingungen:

„Die 20 € werden als Bonus ausbezahlt. Der maximale Bonus beträgt 20 € je Kunde.

Der Bonus muss im Sportwetten-Bereich fünf Mal durchgespielt werden (bei Quoten von mind. 1.50).

Der Bonus wird innerhalb von 4 Tagen nach Abgabe deiner qualifi-zierenden Wetten deinem Konto gutgeschrieben.

Die qualifizierenden Wetten müssen sich zu insgesamt 100 € summieren und müssen aus mind. zwei Wetten bestehen, darunter mind. eine French Open Wette (ATP oder WTA)."

Hier habe ich gleich darauf verzichtet, detaillierte Berechnungen anzustellen, denn schon ein Wort im Angebot hebelt das Ganze aus, das ist das Wort „Live". Darauf verzichte ich grundsätzlich, weil man dadurch unter Zeitdruck steht und keine ruhige Planung durchführen kann. Außerdem müssten die 20 € dann noch fünfmal durchgespielt werden, Man hätte also viel Stress durch die Live-Wette und vom Bonus würde kaum noch etwas übrig bleiben. Wahrscheinlich würde man unter dem Strich eher ein Minus haben.

Fazit dieses Kapitels

Es gibt eine Menge weiterer Bonusmöglichkeiten. Die Anbieter lassen sich da immer wieder etwas Neues einfallen. Auch wenn solche Angebote manchmal einen netten Unterhaltungswert haben, sollte man immer in Ruhe überlegen, ob man dazu eine geeignete Grobkalkulation vornehmen kann, aus der hervorgeht, ob es eine lohnende Sache ist.

Ich habe versucht, die Methodik zur einschätzenden Berechnung darzustellen. Wenn man ein paar solcher Berechnungen durchgeführt und danach einige Boni in der Realität freigespielt hat, wird man lernen, zu einem neuen Angebot vorab einzuschätzen, ob es vielversprechend ist.

Bonusbedingungen

Grundsätzlich gilt, dass man zu jedem Angebot, und sei es noch so vielversprechend, die Bonusbedingungen lesen und verstehen muss. Wenn hier etwas unklar sein sollte, hilft eine E-Mail an den Kundenservice. Diese E-Mail und auch die Antwort sollte man aufheben, sofern man das Angebot in Anspruch nimmt.

Man sollte die Eckdaten der Bonusbedingungen bei der Durchführung der Wetten übersichtlich notieren, sodass man sie bei allen Aktionen (Wettrunden) im Blick hat und automatisch beachtet.

Ich will hier ein paar Beispiele wiedergeben und erläutern.

<u>Beispiel 12</u>

Generelle Bonusregeln von Sportingbet, Stand April 2011, Quelle Sportingbet.

Für alle von uns vergebenen Boni, ausschließlich dem Neukundenbonus (unabhängig wofür – 10 %, 5 %, Gratiswette, Reload Bonus, Sonderaktionsbonus, Gutscheingewinner usw.), gelten die folgenden Bonusbestimmungen:

Vor Anforderung einer Auszahlung müssen Einzahlungsbetrag und Bonusbetrag 3 mal auf eine oder mehrere Sportwetten innerhalb der nächsten 3 Monate nach Erhalt des Bonus gesetzt werden. Nach Ablauf der 3 Monate behält sich Sportingbet das Recht vor, den Bonusbetrag von Ihrem Konto zu löschen.

Drei Monate sind ein recht großzügiger Zeitraum. Also hier sollte man sich das Datum, wann diese drei Monate ablaufen, notieren. Am besten ist es, man spielt grundsätzlich nicht „auf den letzten Drücker", sondern versucht, die Bedingungen schon vorzeitig zu erfüllen, bzw. das Konto schon vorzeitig leerzuspielen.

Notieren Sie sich den Zielumsatzbetrag, indem Sie das nach der Vorgabe ausrechnen, z. B. wenn eine Einzahlung von 100,00 € getätigt wurde, der Bonus 50 %, also 50,00 € beträgt, dann ist der Zielumsatz in unserem Beispiel

$$(100,00 € + 50,00 €) \cdot 3 = 450,00 €$$

Danach ist es ratsam, nach jeder Wettrunde den noch verbleibenden Zielumsatz auszurechnen.

> Es gelten nur Wetten mit einer Mindest-(Gesamt-)Quote von 1,5. Bei Einzahlungsbonus gelten zusätzlich die oben genannten Bestimmungen. Wettkonten, wo im jeweiligen Aktionszeitraum eine Auszahlung durchgeführt wurde, haben keinen Bonusanspruch. Nach einer Bonusgutschrift kann, unabhängig vom Kontostand vor oder nach der Bonusbuchung, keine Auszahlung erfolgen, ehe der erforderliche Umsatz geleistet wurde (gilt für alle Bonus Aktionen!)

Notieren Sie die Mindestquote und spielen Sie nur Wetten, die diese Mindestquote oder eine nicht wesentlich höhere Quote haben. Damit fällt der Betrag, der jeweils zur Absicherung der Wette auf dem freien Konto benötigt wird, so gering wie möglich aus.

Fordern Sie keine Auszahlung an, bis der Bonus freigespielt ist. So können Sie nichts falsch machen.

> Professionellen Spielern, Spielerkartellen oder Spielern, welche unter dem Verdacht stehen, diese Bonuszahlungen und dieses Bonussystem auszunutzen zum Beispiel durch Scheinkonten oder ähnliches bzw. anders gegen die Bonusbestimmungen zu verstoßen, werden etwaige Bonuszahlungen durch das Sportingbet Management ohne Begründung wieder abgezogen.

Sind Sie ein professioneller Spieler oder gehören Sie einem Kartell an? Natürlich nicht! Ein Scheinkonto betreiben Sie auch nicht. Sie tun nichts Unrechtes. Dass Sie Ihre Wetten unter Zuhilfenahme eines

Kontos bei einem anderen Wettanbieter absichern, kann nicht verboten werden, denn das geht diesen Betreiber nichts an. Andererseits genügt laut dem Text der Verdacht, dass Sie aus der Sicht von Sportingbet etwas Unrechtes tun, um Ihnen den Bonus wieder abzuziehen. Allerdings ist das recht unwahrscheinlich, denn durch Ihre Vorgehensweise beim Bonusfreispielen sieht es aus der Sicht des Wettanbieters so aus, dass Sie mal gewinnen und mal verlieren, und so einen Kunden will man sich doch nicht vergraulen.

Es ist nur ein Konto pro Spieler bzw. pro Haushalt gestattet. Wenn Sie bereits mehrere Konten unterhalten, gibt es keine Qualifikation mehr für den Bonus. Jeglicher Versuch, über mehrere Konten mehrfache Bonuszahlungen zu erhalten, wird mit Schließung der Konten, einer Rückbuchung aller etwaigen Gewinne sowie Auszahlungen geahndet. Alle Auszahlungen werden eingestellt. Jegliche Promotion wird nur einmal pro Person, Familie, Wohnadresse, E-Mail-Adresse, Kreditkarte und öffentlichen Einrichtungen, wo mehrere Personen einen Computer teilen, gewährt (Universität, Arbeitsstelle, Schule, Bücherei, etc.).

Das halten wir auf jeden Fall ein. Man muss pro Konto seine Identität nachweisen. Mehrere verschiedene Identitäten hat man nur, wenn man kriminell ist. Wir sind aber nicht kriminell, also fällt uns das Einhalten dieser Regel nicht schwer.

Beispiel 13

Bonusangebot von Interwetten, erhalten Ende Februar 2011.

Diese Bonusaktion ist gültig vom 24.02.2011, 14:00 CET bis 27.02.2011, 23:59 CET. Auf jede Einzahlung im Bonuszeitraum wird solange ein 25% Bonus gewährt, bis der Maximalbonus von 100 EUR erreicht ist. Der für den Bonus nötige Wetteinsatz muss innerhalb von 30 Tagen getätigt werden.

Termin ausrechnen, wann die 30 Tage um sind.

> Der Einzahlungsbetrag muss einmal umgesetzt werden um den Bonus zu erhalten.

Zielumsatz: 400,00 €. Bonus wird erst nach Erbringung des Zielumsatzes gezahlt.

> Der Bonusbetrag wird in 5 vordefinierten Schritten (siehe Beispiel) freigespielt. Bereits mit Erreichen des 1. Bonus-Schrittes wird dieser Bonusbetrag automatisch dem Kundenkonto als Echtgeld gutgeschrieben und ist frei verfügbar für andere Produkte bzw. auszahlbar.

Also jeweils nach 80,00 € Wettumsatz werden 20,00 € Bonus gutgeschrieben.

> Der Bonus bleibt innerhalb des Aktionszeitraumes so lange gültig bis der maximal freispielbare Bonusbetrag erreicht ist. Die maximale Bonushöhe kann somit auch mit mehreren Einzahlungen innerhalb des Bonuszeitraumes erreicht werden.

Gut zu wissen.

> Beispiel für einen Einzahlungsbetrag von 400 €. Der Bonus wird in 5 Schritten freigespielt.

	Wetteinsatz	Mindestquote	Bonus
Schritt 1	80 €	1,5	20 € frei verfügbar
Schritt 2	80 €	1,5	20 € frei verfügbar
Schritt 3	80 €	1,5	20 € frei verfügbar
Schritt 4	80 €	1,5	20 € frei verfügbar
Schritt 5	80 €	1,5	20 € frei verfügbar
Gesamt	400 €		100 €

Sicherheitshalber hatte ich da noch einmal nachgefragt, ob man auch weniger oder mehr als 80 € in einer Wette einsetzen kann. Die Antwort war: Ja, das kann man selbst entscheiden, immer wenn die jeweils nächsten 80 € Einsätze zusammen sind, gibt es den nächsten Bonusteil.

Der Bonus muss innerhalb von 30 Tagen freigespielt werden. Nach Ablauf dieser Frist verfällt ein offener Bonus. Bereits freigespielte Bonus-Schritte bleiben selbstverständlich erhalten.

Doppelt hält besser. Wie schon gesagt, Termin notieren.

Bonusqualifizierte Wetten müssen eine Mindestquote von 1,5 aufweisen.

Wird notiert.

Diese Bonusaktion gilt nicht für Kunden, die noch für den Neukundenbonus berechtigt sind.

Sonst hätte ich den Bonus auch nicht per E-Mail angeboten bekommen.

Der Mindest-Einzahlungsbetrag ist 10 EUR, 14 CHF, 250 CZK, 75 DKK, 2500 HUF, 80 NOK, 90 SEK, 17 SGD, 13 USD. Die maximal freispielbare Bonushöhe beträgt 100 EUR, 140 CHF, 2500 CZK, 750 DKK, 25000 HUF, 800 NOK, 900 SEK, 170 SGD, 130 USD.

Hier kann man sich überlegen, dass man ruhig das Maximum in Anspruch nehmen kann.

Dieser Bonus ist nur für Kunden mit Wohnsitz in Deutschland, Österreich, der Schweiz, Spanien, Italien, Griechenland, Belgien, Zypern, Holland, Liechtenstein, Luxemburg, Ungarn, Tschechien, der Slowakei, Monaco und Dänemark verfügbar.

In Ordnung.

Einsätze auf Casino und Games sowie Systemwetten zählen nicht für die Erfüllung der Bonusbestimmungen.

Casino kommt sowieso nicht in Frage. Zum Bonusfreispielen werden einfache Wetten verwendet.

Wird innerhalb der ersten 10 Tage nach Erhalt des Newsletters eine Auszahlung angefordert, kann auf darauf folgende Einzahlungen kein Bonus gewährt werden. Offene Bonusbeträge verlieren jedoch nicht ihre Gültigkeit sondern bleiben bis zum Ende des angegebenen Aktionszeitraumes freispielbar.

Auszahlungen fordern wir sowieso nicht an, bis die Bedingungen erfüllt sind, also braucht man nicht weiter darüber nachzudenken.

Sollten Spielgemeinschaften oder einzelne Spieler durch Mehrfachanmeldungen oder Scheinkonten versuchen, diesen Bonus auszunutzen, behalten wir uns das Recht vor, gewährte Bonuszahlungen zurückzuziehen, damit erzielte Gewinne zu stornieren, angeforderte Auszahlungen zu verweigern und Konten zu schließen. Professionellen Spielern und Spielerkartellen wird kein Bonus gewährt.

Was auch immer professionelle Spieler oder Spielerkartelle sind, das trifft auf uns nicht zu. Scheinkonten und Mehrfachanmeldungen fallen auch aus. Das mit den Spielgemeinschaften würde vielleicht auffallen. Ich kann mir vorstellen, dass es für den Wettanbieter eine Möglichkeit gibt, Abfragen über die abgegebenen Wettdaten durchzuführen und damit herauszubekommen, ob Kunde A immer das Gegenteil von Kunde B wettet, und zwar mit jeweils passendem Gegenbetrag, womit jeder der beiden diesen Bonus freispielt. Das lassen wir also sein.

Was allerdings nicht verboten bzw. nachgewiesen werden kann, ist eine Spielgemeinschaft der folgenden Art: Spieler A hat ein Konto bei Interwetten und nimmt dieses Bonus-Angebot in Anspruch. Spieler B hat ein Konto bei einem anderen Wettanbieter und erhält dort auch einen freizuspielenden Bonus. Nun koordinieren die beiden ihre Wetten so, dass von beiden Boni möglichst viel übrigbleibt und teilen hinterher.

Werden 2 oder mehrere Wetten auf verschiedene Ausgänge der gleichen Wette oder das gleiche Ereignis platziert, wird der gesamte Bonus ungültig. Bei Nichteinhaltung einer der oben angeführten Bestimmungen verliert der Bonus seine Gültigkeit.

So etwas tun wir also nicht.

Interwetten behält sich das Recht vor, diese Bonusaktion jederzeit zu beenden oder einzelne Kunden von dieser Aktion auszuschließen.

Wenn das der Fall ist, kann man es auch nicht ändern.

Fazit: Ich denke, es ist klar geworden, wie man die Bonusbedingungen liest und in seine Planung einbezieht. Solange man seine Wetten immer zwischen Konten verschiedener Anbieter ausbalanciert, verstößt man gegen keine Bedingung, die Spielgemeinschaften oder sogenanntes „Load Balancing" betrifft.

Den Überblick behalten

Damit wir bei den diversen Wettanbietern, Bonusangeboten und Wettrunden nicht durcheinander kommen, empfiehlt es sich, immer alles so übersichtlich wie möglich zu notieren. Dazu ist es am besten, ein Tabellenkalkulationsprogramm, wie z. B. OpenOffice Calc oder Microsoft Excel zu verwenden.

Übersicht über die Wettanbieter

Da wir Konten bei einigen Wettanbietern eröffnen, ist eine Tabelle über diese Wettanbieter sehr sinnvoll. Hier notieren wir neben dem Namen bzw. der Internetadresse unsere Kundennummer, sofern es eine gibt.

Weitere wichtige Informationen sind die Zahlungsarten, die für uns in Frage kommen, z. B. Überweisung, Kreditkarte. Insbesondere notieren wir, wie hoch die anfallenden Gebühren sind. Manche Anbieter bieten sogar gebührenfreie Einzahlungen per Kreditkarte an. Diese sind dann sehr gut geeignet, um zeitnah einen genau passenden Betrag für eine benötigte Gegenwette einzusetzen. Weiterhin ist die Zeitspanne interessant, wie lange es erfahrungsgemäß dauert, bis eine Überweisung auf dem Wettkonto gutgeschrieben wird. Das ist wichtig zu wissen, damit bei Bonusangeboten, deren Einzahlungstermin ziemlich knapp ist, eingeschätzt werden kann, ob eine Überweisung noch pünktlich ankommt, oder ob man lieber die Kreditkarte benutzen sollte.

Natürlich sind die Quoten wichtig. Rechnen Sie bei ein paar gebräuchlichen Wetten jeweils die Gesamtquote aller möglichen Ausgänge aus. Wie das berechnet wird, steht im Kapitel „Formeln und Formelherleitungen". Betrachten Sie auch einzelne Quoten. Sind Favoritenquoten bei diesem Anbieter besonders niedrig oder etwas höher als bei anderen? Wie steht es mit Außenseiterquoten?

Die meisten Anbieter lassen sich vor der ersten Auszahlung die Identität des Kunden nachweisen. (Interessanterweise erst dann.) Dazu genügt es meistens, einen Scan vom Personalausweis oder Pass per

E-Mail zu schicken oder hochzuladen. Es versteht sich von selbst, dass man hier nicht einen allzu guten Scan verwendet. Legen Sie den Ausweis ruhig schief auf den Scanner, benutzen Sie eine kleine Auflösung und komprimieren Sie das Bild (JPEG-Format) hinterher mit nicht weniger als 75 %. Notieren Sie sich in Ihrer Tabelle, welchen Anbietern Sie diesen Nachweis bereits erbracht haben.

Eine weitere Angabe, die man sich hier notieren kann, und die einem später viel Zeit erspart: Wo findet man auf den Seiten des Anbieters die Wettregeln für die einzelnen Sportarten? Das ist bei jedem Anbieter an einer anderen Stelle, bei einigen ist es ziemlich versteckt. Diese Regeln sollte man für die jeweils verwendete Sportart kennen. Es ist wichtig zu wissen, wenn ich bei zwei oder mehr verschiedenen Anbietern auf verschiedene Ausgänge eines Sportereignisses wette, ob die Wetten bei allen gleich funktionieren, oder ob es Abweichungen gibt, z. B. bei Aufgabe eines der Kontrahenten. Zum Beispiel gibt es bei Tenniswetten unterschiedliche Regeln, wie es gewertet wird, wenn ein Spieler aufgibt. Bei manchen Anbietern, gilt dann der andere als Sieger, sofern nur mindestens ein Ball gespielt wurde. Bei anderen muss wenigstens ein Satz beendet worden sein, um den Gegner zum Sieger zu erklären, ansonsten wird nur der Einsatz der Wette zurückerstattet. So könnte es z. B. passieren, dass man beim ersten Wettanbieter die Wette verloren hat und beim zweiten nur den Einsatz wiederbekommt. Wenn man dieses Risiko niemals eingehen will, darf man nur solche Wetten verwenden, die bei den jeweils einbezogenen Wettanbietern völlig gleichartig funktionieren.

Weiterhin sollte man sich notieren, ob es schon vorgekommen ist, dass bei dem Anbieter eine Wette wegen zu hohen Einsatzes abgelehnt oder nur zum Teil angenommen wurde, damit man beim nächsten Mal einschätzen kann, ob der geplante Einsatz problemlos möglich ist oder eventuell zu hoch sein könnte.

Auf jeden Fall sollte man noch ein Datum dazuschreiben, wann die Notizen zu einem Anbieter zuletzt aktualisiert wurden. Man sollte auch ab und zu überprüfen, ob die Notizen noch stimmen und sie bei Bedarf ändern.

Die Gestaltung der Tabelle ist Ihnen selbst überlassen. Meine Empfehlungen zu den Inhalten erheben auch keinen Anspruch auf Vollständigkeit. Ich habe hier die für mich wichtigen Informationen aufgezählt.

Übersicht über jede Freispielaktion

Hier kommt es darauf an, alle während der Durchführung wichtigen Informationen übersichtlich bereitzustellen. Dazu gehört es, die Eckdaten der Bonusbedingungen zu notieren, meistens eine grobe Vorkalkulation zu erstellen. Anschließend wird bei der Durchführung jede Wettrunde genau geplant und notiert. Die Wetten werden dann anhand der Notizen platziert. Am besten schreibt man nach jeder Wettrunde eine Art Bilanz auf: Wie hoch ist das Gesamtguthaben? Wie hoch sind die Gesamtkosten bisher? Welchen Gewinn bedeutet das bis jetzt? Wie hoch ist der restliche Zielumsatz? Anregungen, wie das aufgebaut sein kann, gibt es genügend in den vorher beschriebenen Beispielen.

Das ist auch deshalb wichtig, weil nicht jeder Anbieter automatisch mitteilt, wann die Bedingungen erfüllt sind. Durch diese Übersicht setzt man keinen Cent zu viel weiß, wann man eine Auszahlung anfordern kann, ohne den Bonus einzubüßen.

Die Texte mit dem Bonusangebot bzw. den Bonusbedingungen sollte man während einer solchen Freispielaktion immer aufheben. Ich habe es zwar noch nicht erlebt, dass es zu Streitigkeiten kam, aber man kann ja nie wissen.

Money Management – Verwaltung des Spielkapitals

Dass es wichtig ist, immer den Überblick über das Wettkapital bzw. die „erwirtschafteten" Gewinne zu haben, versteht sich von selbst. Ich habe gute Erfahrungen mit der folgenden Vorgehensweise gesammelt:

Für Ein- und Auszahlungen benutze ich mein Girokonto. Einzahlungen auf die Wettkonten erledige ich per Online-Überweisung oder

VISA-Karte. Ich notiere mir zur Übersicht über die Freispielaktion, welchen Betrag ich aufgewendet habe. Wenn die Aktion beendet ist, also Auszahlungen angefordert werden, rechne ich den Gewinn aus. Diesen überweise ich auf ein nur für diesen Zweck verwendetes Tagesgeldkonto. Falls mir doch einmal ein Fehler unterläuft, sodass am Ende anstelle eines Gewinns ein Verlust entsteht, buche ich den entsprechenden Betrag vom Tagesgeldkonto auf das Girokonto um. So besteht der gesamte Saldo des Tagesgeldkontos immer aus gewonnenem Geld, das außerdem noch Zinsen einbringt, wenn auch nur sehr geringe.

Werden die Beträge für eine neue Freispielaktion zu hoch, um sie vom Girokonto zu leihen, buche ich mir einen entsprechendes Betrag vom Tagesgeld- auf das Girokonto, welchen ich nach Beendigung zusammen mit dem Gewinn wieder zurücküberweise.

Mit einem Teil des Guthabens vom Tagesgeldkonto kann ich nun auch Wetten spielen, die nicht durch Gegenwetten abgesichert sind, z. B. eine Value-Bet-Strategie ausprobieren oder manchmal eine Wette nur so zum Spaß setzen. Die Einsätze dafür bestehen dann nur aus vorher gewonnenem Geld.

Formeln und Formelherleitungen

Berechnung der Gesamtquote aus zwei Einzelquoten

Im Beispiel 1 gab es bei bet365 für das Fußballspiel FC Malaga – Hercules Alicante folgende Quoten:

Unentschieden: 3,80

Sieg von Hercules Alicante: 5,00

Doppelte Chance auf Unentschieden oder Hercules Alicante: 2,10

Nun stellt sich die Frage: Was ist vorteilhafter? Setzen wir unseren gesamten bet365-Einsatz auf die Doppelte Chance wie oben beschrieben zu einer Quote von 2,10 oder teilen wir den Betrag auf die beiden Einzelwetten Unentschieden bzw. Sieg von Hercules Alicante so geschickt auf, dass wir beim Eintreten jedes dieser beiden Ereignisse den gleichen Betrag zurückerhalten?

Um diese Frage zu beantworten, müssen wir zunächst wissen, welcher Quote das geschickte Aufteilen unseres Einsatzes entspricht.

Wie teilen wir einen Einsatz auf die beiden Einzelwetten auf, um jeweils das gleiche Ergebnis zu erhalten?

Die Formel zur Berechnung der Gesamtquote, also der Quote, die wir durch geschicktes Aufteilen des Einsatzes auf zwei Quoten Q_1 und Q_2 erhalten, lautet:

$$Q_{gesamt} = \frac{1}{\dfrac{1}{Q_1} + \dfrac{1}{Q_2}}$$

Gehen wir von einem Gesamteinsatz von 1 (=100 %) aus, so berechnen sich die Einsatzanteile X_1 und X_2 für die Wetten mit Quote Q_1 bzw. Q_2

$$X_1 = \frac{\dfrac{1}{Q_1}}{\dfrac{1}{Q_1} + \dfrac{1}{Q_2}} = \frac{Q_{gesamt}}{Q_1}$$

bzw.

$$X_2 = \frac{\dfrac{1}{Q_2}}{\dfrac{1}{Q_1} + \dfrac{1}{Q_2}} = \frac{Q_{gesamt}}{Q_2}$$

Dass die Formeln unsere vorher formulierten Bedingungen erfüllen, kann man leicht nachvollziehen, denn:

$$X_1 + X_2 = \frac{\dfrac{1}{Q_1}}{\dfrac{1}{Q_1} + \dfrac{1}{Q_2}} + \frac{\dfrac{1}{Q_2}}{\dfrac{1}{Q_1} + \dfrac{1}{Q_2}} = \frac{\dfrac{1}{Q_1} + \dfrac{1}{Q_2}}{\dfrac{1}{Q_1} + \dfrac{1}{Q_2}} = 1$$

und

$$X_1 \cdot Q_1 = X_2 \cdot Q_2 = \frac{1}{\dfrac{1}{Q_1} + \dfrac{1}{Q_2}} = Q_{gesamt}$$

Die beiden Einsätze ergeben also zusammen den Gesamteinsatz und wir erhalten bei einem Gewinn der ersten Wette mit der Quote Q_1 genauso viel zurück wie bei einem Gewinn der zweiten Wette mit der Quote Q_2.

Setzen wir nun die Zahlen aus unserem Beispiel 1 ein, so erhalten wir

$$Q_{gesamt} = \cfrac{1}{\cfrac{1}{3,80} + \cfrac{1}{5,00}} = 2,159$$

Und genau das hatten wir im Beispiel 1 berechnet und mit der Quote für die Doppelte Chance verglichen, welche mit 2,10 schlechter ausfällt. Deshalb wurden die Einzelwetten verwendet.

Dass der für die beiden Einzelwetten (mit Quoten 3,80 bzw. 5,00) verwendete Gesamteinsatz von 77,81 € in Anteile X_1 und X_2 gemäß der obigen Formel aufgeteilt wurde, lässt sich nachprüfen:

$$X_1 = \cfrac{\cfrac{1}{3,80}}{\cfrac{1}{3,80} + \cfrac{1}{5,00}} = 0,568182$$

$$X_2 = \cfrac{\cfrac{1}{5,00}}{\cfrac{1}{3,80} + \cfrac{1}{5,00}} = 0,431818$$

Nun ist

$$77,81 \, € \cdot 0,568182 = 44,21 \, €$$

und

$$77,81 \, € \cdot 0,431818 = 33,60 \, €$$

Das entspricht genau unseren getätigten Einsätzen.

Wenn wir uns erinnern bzw. zur ersten Wettrunde im Beispiel 1 zurückblättern, stellen wir fest, dass wir dort die Einzeleinsätze auf andere Art und Weise ermittelt haben. Wir sind dort nicht von einem aufzuteilenden Gesamteinsatz ausgegangen, sondern von einem zu erzielenden Rückzahlungsbetrag, und zwar 168,00 €. Diesen würden wir sowohl mit einem Einsatz von 44,21 € bei einer Quote von 3,80 als auch mit einem Einsatz von 33,60 € bei einer Quote von 5,00 erhalten, denn

$$44,21 € \cdot 3,80 = 168,00 €$$

und

$$33,60 € \cdot 5,00 = 168,00 €$$

Hätten wir nun anstelle der Einzelwetten, die Doppelte-Chance-Wette mit einer Quote von 2,10 verwendet, wäre dafür ein Einsatz von

$$168,00 € : 2,10 = 80,00 €$$

anstelle von 77,81 € für die Einzelwetten benötigt worden, was eine schlechtere Bilanz ergeben hätte.

Berechnungen aus N Einzelquoten

Ich möchte die Formeln zur Berechnung der Gesamtquote bzw. Einsatzanteile bei vorgegebenen Einzelquoten noch etwas verallgemeinern und herleiten. Bisher haben wir die Berechnung nur zu zwei Einzelausgängen bzw. deren Quoten durchgeführt. Es funktioniert auf die gleiche Weise für eine beliebige Anzahl N von Einzelquoten mit $N \geq 2$.

Seien $Q_1, Q_2, ..., Q_N$ die Quoten zu $N \geq 2$ verschiedenen Einzelausgängen eines Sportereignisses, sodass jeder dieser Einzelausgänge nicht gleichzeitig mit einem anderen der betrachteten Einzelausgänge eintreffen kann.

Dann berechnet sich die Gesamtquote wie folgt:

$$Q_{gesamt} = \cfrac{1}{\cfrac{1}{Q_1} + \cfrac{1}{Q_2} + ... + \cfrac{1}{Q_N}}$$

Den Gesamteinsatz von 1 = (100 %) müssen wir wie folgt aufteilen, um bei jedem der Wettausgänge zu den Quoten Q_1 bis Q_N den gleichen Betrag zurückzuerhalten:

Sei X_1 der Anteil, der mit der Quote Q_1 gewettet wird, X_2 der mit der Quote Q_2, ... , X_N der mit der Quote Q_N. Dann berechnen sich:

$$X_1 = \cfrac{\cfrac{1}{Q_1}}{\cfrac{1}{Q_1} + \cfrac{1}{Q_2} + ... + \cfrac{1}{Q_N}} = \cfrac{Q_{gesamt}}{Q_1}$$

$$X_2 = \cfrac{\cfrac{1}{Q_2}}{\cfrac{1}{Q_1} + \cfrac{1}{Q_2} + ... + \cfrac{1}{Q_N}} = \cfrac{Q_{gesamt}}{Q_2}$$

...

$$X_N = \cfrac{\cfrac{1}{Q_N}}{\cfrac{1}{Q_1} + \cfrac{1}{Q_2} + ... + \cfrac{1}{Q_N}} = \cfrac{Q_{gesamt}}{Q_N}$$

Wie kann man diese Formeln herleiten?

Folgendes soll gelten:

$$X_1 + X_2 + ... + X_N = 1 \qquad (1)$$

und

$$Q_1 \cdot X_1 = Q_2 \cdot X_2 = \ldots = Q_N \cdot X_N \qquad (2)$$

Wir können uns nun ein beliebiges $K = 1, \ldots, N$ hernehmen, womit wegen Zeile (2) gilt:

$$Q_1 \cdot X_1 = Q_K \cdot X_K$$

damit

$$X_1 = \frac{Q_K}{Q_1} \cdot X_K$$

Weiterhin gelten

$$X_2 = \frac{Q_K}{Q_2} \cdot X_K$$

…

$$X_N = \frac{Q_K}{Q_N} \cdot X_K$$

Setzen wir das nun jeweils für X_1, …, X_N in die Gleichung (1) ein, erhalten wir:

$$\frac{Q_K}{Q_1} \cdot X_K + \frac{Q_K}{Q_2} \cdot X_K + \ldots + \frac{Q_K}{Q_N} \cdot X_K = 1$$

Nun haben wir also eine Gleichung mit einer Unbekannten X_K. Stellen wir diese nach X_K um, erhalten wir:

$$X_K = \frac{\dfrac{1}{Q_K}}{\dfrac{1}{Q_1} + \dfrac{1}{Q_2} + ... + \dfrac{1}{Q_N}}$$

Da K für einen beliebigen Index zwischen 1 und N steht, haben wir damit die obigen Formeln zur Berechnung der Einsatzanteile X_1 bis X_N hergeleitet. Die Gesamtquote, oder anders ausgedrückt der Rückzahlungsfaktor zum Gesamteinsatz von 1, natürlich nur, sofern einer der betrachteten Ausgänge zutrifft, berechnet sich:

$$Q_{gesamt} = Q_K \cdot X_K = \frac{1}{\dfrac{1}{Q_1} + \dfrac{1}{Q_2} + ... + \dfrac{1}{Q_N}}$$

Der Einsatz beim schiefen Bonusfreispielen

Wir haben ein Wettkonto, auf dem wir zur Erfüllung von Bonusbedingungen noch einen relativ hohen Zielumsatz zu erbringen haben. Nennen wir es Bonuskonto. Auf einem anderen Konto ohne Bedingungen, nennen wir es freies Konto, wollen wir dagegenwetten. Die passende Wettkombination haben wir bereits ausgesucht. Die Quote auf dem freien Konto sei Q. Bisher hatten wir Kosten in Höhe K. Wir geben uns einen Mindestgewinn M vor, den wir realisieren wollen, und zwar dann, wenn die Wette auf dem freien Konto gewonnen wird. Der Einsatz X auf dem freien Konto berechnet sich dann so:

$$X = \frac{K+M}{Q-1}$$

Wie leiten wir das her? Beim Einsatz von X erhalten wir bei Gewinn

$$Q \cdot X$$

zurück. Nun wollen wir zu den bisherigen Kosten von K und unserem neuen Einsatz X noch einen Gewinn von M haben, also setzen wir an:

$$Q \cdot X = K + X + M$$

Stellen wir das um:

$$(Q - 1) \cdot X = K + M$$

und dann

$$X = \frac{K + M}{Q - 1}$$

Damit haben wir unsere anfangs aufgeführte Formel.

Die Quote bzw. der Einsatz auf dem Bonuskonto scheinen hier keine Rolle zu spielen. In der Formel kommen sie zwar nicht vor, aber wenn es darum geht, eine vernünftige Vorgabe für den Mindestgewinn M zu überlegen, benötigen wir auch diese Größen.

Wie legen wir einen geeigneten Mindestgewinn M fest? Das kann man sich leicht überlegen. M sollte zwischen 0 und dem Gewinn liegen, den wir auf dem freien Konto bei gleichmäßigem Bonusfreispielen erreichen würden. Um diesen zu berechnen, brauchen wir auch die Quote und den Einsatz auf dem Bonuskonto nennen wir sie Q_B bzw. E_B.

Stellen wir das noch einmal übersichtlich dar:

bisherige Kosten = Summe aller bisherigen Einzahlungen = K

Wettkonto:	Bonuskonto	freies Konto
Quote:	Q_B	Q
Guthaben = Einsatz:	E_B	X
bei Gewinn:	$Q_B \cdot E_B$	$Q \cdot X$

Wir kennen die bisherigen Kosten, die Quoten Q_B und Q und den Einsatz auf dem Bonuskonto E_B.

Beim gleichmäßigen Bonusfreispielen würden wir

$$Q_B \cdot E_B = Q \cdot X$$

ansetzen und damit den Einsatz

$$X = \frac{Q_B \cdot E_B}{Q}$$

berechnen. Damit hätten wir, egal wie es ausgeht, ein Plus von

$$Q_B \cdot E_B - K - X = Q_B \cdot E_B - K - \frac{Q_B \cdot E_B}{Q} = \frac{Q-1}{Q} \cdot (Q_B \cdot E_B) - K$$

Bei einem Gewinn der Wette auf dem freien Konto wäre dieses Plus der Reingewinn. Also sollte für eine sinnvolle Wahl des Mindestgewinns M beim schiefen Bonusfreispielen gelten:

$$0 < M < \frac{Q-1}{Q} \cdot (Q_B \cdot E_B) - K$$

Mit diesem M können wir dann den Einsatz für das schiefe Bonusfreispielen nach der obigen Formel ausrechnen.